| 김산호 화백의 역사회화 |

이순신

全勝 불멸의 기록

이 도서의 국립중앙도서관 출판예정도서목록(CIP)은 서지정보유통지원시스템 홈페이지(http://seoji.nl.go.kr)와 국가자료
공동목록시스템(http://www.nl.go.kr/kolisnet)에서 이용하실 수 있습니다. (CIP제어번호 : CIP2014025022)

이순신

김산호 화백의 역사회화

全勝

불멸의 기록

한울

일본을 통일한 도요토미 히데요시(豊臣秀吉)가 자신의 위세를 떨치고 잠재적 도전세력을 누르기 위해 조선 침공을 계획했던 1590년 당시, 조선왕조는 당파 싸움으로 세월을 허비하며 나라의 막대한 국력만 소진시키고 있었다.

그로부터 7년 전인 1583년 병조판서 이이(李珥)는 10년 이내에 전쟁에 필요한 군마와 10만 병력을 양성하여 도성방위에 2만 명, 8도에 각 1만 명씩 배치하여 혹시 있을지도 모르는 국란에 미리 대비하자는 시무육조(時務六條)를 당시의 왕인 선조에게 바쳤지만, 왕은 조정 중신들의 갑론을박을 지켜본 후 최종적으로 이를 무산시켰다.

그리고 7년, 다시 왜적의 침입이 있을 거라는 신하들의 보고에도 왕이 전쟁은 결코 없을 것이라고 못을 박아 놓았으므로 이 문제는 더 이상 거론될 수 없었다. 조선 통신사의 귀국 보고 어전회의에 참석하고 물러나온 우의정 유성룡(柳成龍)의 마음은 대단히 착잡하였다.

* 이 책은 저자가 2013년에 펴낸 『대한민족통사』 제51~54장을 발췌한 것이다.

들어가는 글

이순신

全勝 불멸의 기록

차례

| 여룡득수(如龍得水) |

여룡득수(如龍得水)

조일전쟁(朝日戰爭) 개전(開戰)

如龍得水

여룡득수(如龍得水)

아무리 왕이 전쟁은 없을 것이라고 하여도 만약의 사태에 대비해 두는 것이 좋을 것이라고 유성룡(柳成龍)은 생각하였다. 국방(國防)이란 언제나 미리 준비하는 것이 아닌가? 오기와 의심으로 가득 차 있는 임금의 비위를 건드리지 않으면서 전란에 대비해야 하였다.

오랜 고민 끝에 유성룡은 정읍(井邑) 현감(縣監)으로 있는, 그의 어릴 적 친구인 이순신(李舜臣)을 은밀히 집으로 불러들였다.

정읍 현감 이순신과 마주한 유성룡은 오늘 조정에서 벌어진 왕의 독선적 판단을 설명하고 왜침의 가능성에 대한 무인(武人) 이순신의 생각을 단도직입적으로 물었다.

이에 이순신은 그의 생각을 간단명료하게 대답하였다.

"아무리 상감께서 전쟁이 없을 것이라고 국론으로 정하셨다 해도 왜놈들이 상감의 의견을 여쭈어보고 전란을 일으키지는 않을 것입니다.

그러니 나라와 백성의 안녕을 책임진 무인들의 입장에선 만약의 사태에 미리 대비해 두는 것이 현명한 일이라 사료됩니다. 미리 병(兵)을 모아 훈련을 시키고, 무기를 준비하여 두면, 침략해 올 뜻이 있던 적들도 그 의기가 꺾이게 됩니다. 상감(上監)의 마음을 움직이는 것은 대감 같은 문인(文人)들이 하실 일입니다. 우리 같은 무인(武人)들은 그저 국가의 명에 따라 주어진 임무만 충실히 수행하면 되는 것이 아니겠습니까?"

이순신의 의지를 읽은 유성룡은 이렇게 말했다.

"왜놈들이 침략한다면, 반드시 바다를 건너야 하니 무엇보다도 바다를 철저히 방어해야 할 것이오. 그래서 무능한 전라좌수사 이유의(李由義)를 파직시키고, 그 자리에 함경도 조산만호(朝散萬戶) 원균(元均)을 임명하였소이다.

그런데 돌연 사간원(司諫院)이 중심이 되어 원균을 맹렬히 탄핵하여 할 수 없이 다시 함경도 부녕부사(富寧副使)로 전출시켰소. 그러니, 공이 전라좌수사 자리를 맡아 주시오.

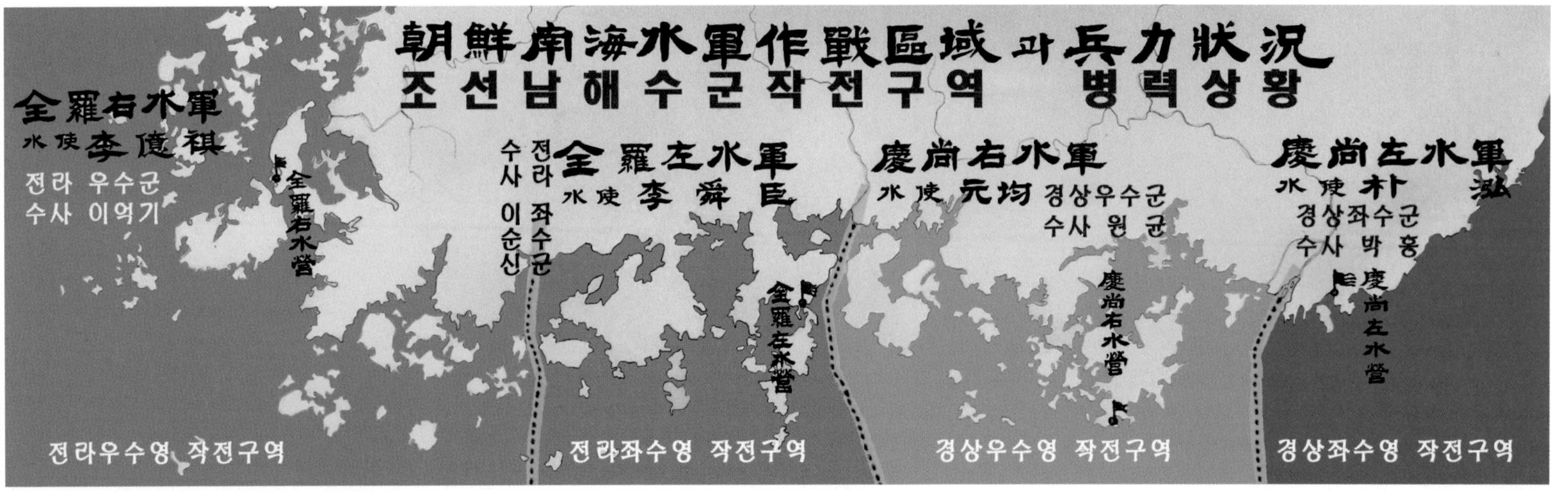

다만, 원균 측의 반발이 극심할 것 같아 공을 먼저 진도(珍島) 군수로 발령한 뒤, 기회를 보아 전라좌수사로 승진시킬 생각이오. 그리고 이것은 그동안 궁중에서 보관해 오던 병법서들이오. 공이 맡아서 연구하시면, 앞으로 큰 도움이 될 것이오."

유성룡은 왕 이연에게 이순신을 추천하여 정읍현감에서 진도군수로 보내 우선 용(龍)에게 물(水) 냄새를 맡게 하였고, 곧이어 고사리진(高沙里鎭)의 첨사(僉事)로 전임시켰다가 불과 수일 후 다시 전라좌도 수군절도사(全羅左道水軍節度使)로 전격 발령하였다.

1591년 2월 10일, 전라좌도수군절도사로 발령받은 이순신은 2월 16일에 임지인 전라좌수영에 부임하였다.

드디어 큰 용이 물을 얻은 것이다. 당시 조선해군은 남해의 4수군 외에도 충청도 해군이 전함 30척에 해군 5,000명을 보유하고 있었고, 경기도·황해도·평안도·함경도에도 수군이 있었다. 그러나 이 모두는 편제상의 병력이고 실제는 편제의 약 20% 정도에 지나지 않았을 것이다. 부임 첫날이 지나기도 전에 이순신은 몇몇 하급병사들을 불러들여 그들로부터 정보를 수집하였다.

"너희들 공태원(孔太元)과 김개똥(金介同) 그리고 이언세(李彦世)는 정해왜변(丁亥倭變) 때 왜적들에게 잡혀가 있었으므로, 왜놈들의 동태에 대하여 아는 바가 많을 것으로 본다. 특히 공태원은 왜어(倭語)에 능통하다 하니, 앞으로 내 곁에서 통역관의 임무를 수행하도록 하라. 나는 이제 전라좌수사라는 중책을 맡게 되었다. 그러나 나는 그동안 내지에서만 근무하여 왜인들의 사정에 대해서 잘 모른다. 그러니 귀관들은 지금부터 그동안 왜국생활 중에 보고 듣고 경험한 바를 나에게 자세히 설명하여주기 바란다."

"사또, 저희들 같은 미천한 것들의 의견도 도움이 되겠습니까? 왜놈들에게 잡혀가 있는 동안 저는 그들의 말과 행동이 하도 수상하고 괴이해서, 제 나름대로 열심히 정보를 수집하였습니다. 저는 머지않아 왜놈들이 반드시 조선을 침략하리라 생각합니다. 왜놈들은 벌써 3년 전부터 조총(鳥銃)으로 완전히 무장하는 등 조선침략을 위한 만반의 준비를 갖추고 있나이다."

공태원 등의 정보를 통하여 왜침이 반드시 있을 것으로 판단한 이순신은 스스로 전쟁준비에 돌입하였다. 우선 그동안 해이해진 군 기강부터 바로잡아갔다. 곧 좌수영의 모습은 놀랍게 변모되어 갔다.

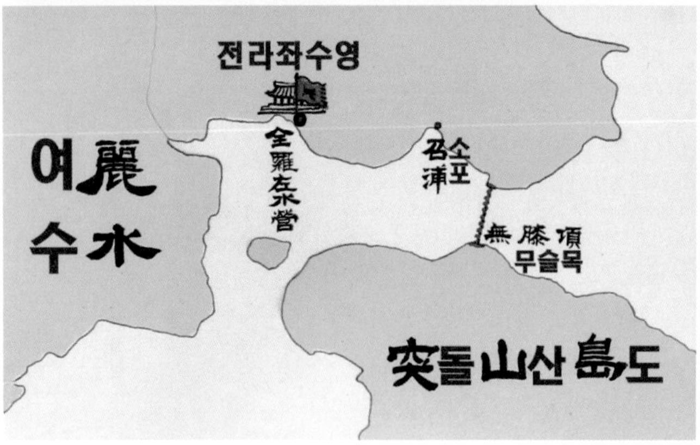

전라좌수영
全羅左水營
召소
浦포
여麗
수水
無膝項
무슬목
突돌山산島도

그러나 이순신의 전쟁준비는 위험하기 짝이 없는 것이었다. 아직도 선조는 전쟁은 없을 것이라는 국론을 내세우고 있었기 때문에 전쟁준비는 잘못하면 역적모의라는 엉뚱한 화를 불러 올 수도 있었던 것이다.

떳떳하게 군병을 모으는 일조차 역적모의로 몰리기 일쑤였기 때문에 심각한 고민에 빠질 수밖에 없었던 이순신은 우선 방위 작업부터 착수하기로 하였다. 전라좌수영이 위치한 여수(麗水)에는 앞뒤로 수로(水路)가 있었다. 그래서 한쪽을 봉쇄하고 전력(戰力)을 남쪽으로만 집중시켰다. 이 전략은 이미 경오왜변(庚午倭變·三浦倭變) 때 도원수 유선정(柳順汀)이 착안한 것이었다.

곧이어 수중 장애물인 철쇄(鐵鎖)를 횡설(橫設)하기 시작하였다. 이 수중장애물은 좌수영 본부로부터 동쪽으로 약 5리 지점에 위치한 소포(召浦)와 그 건너편 돌산도(突山島) 북단 사이 약 200m를 연결한 것이었다. 구멍을 뚫은 큰 돌에 철쇄와 통나무를 연결하여 가라앉힌 수중 장애물로 수면 위에선 보이지 않게 되어 있었다. 이 수로는 지리적으로 왜국과 경상도 방면에서 전라좌수영을 침범하려면 반드시 통과해야 하는 요충 수로로서 무슬목(無膝項)이라고도 불렀다.

좌수영내의 무기고를 점검해 본 이순신은 한심한 상황을 목격하게 되었다. 활줄은 늘어진 채 방치되어 있고, 활통 역시 파손된 채로 있으며, 칼은 녹이 슬고 투구도 제대로 구비되어 있지 않았다.

역사상 가장 부패했던 조선병영의 사정은 대체로 이러하였다. 그러나 이순신은 실망하지 않고 곧 이를 바로 잡아갔다.

좌수영의 성을 수리하고 해자(垓子)도 다시 파 물을 채웠으며, 봉화대도 다시 견고히 쌓는 한편 항만도 새로 쌓았다.

그런데 이런 한심한 군인들 속에 놀랍게도 군관 이봉수(李鳳壽) 같은 위인이 있었다. 그는 최무선의 화약제조법을 더욱 개량하고 대량 생산하여 비축하였으며, 정걸은 판옥선과 거북선 개발 외에도 불화살·철익전(鐵翼箭)·대총통 등을 발명하여 전란에 대비하여 갔다.

혹시나 무슨 역모라도 있을까 싶어 신경을 곤두세우고 있는 이연 왕의 눈치를 살펴가며 이순신을 전라좌수사에 임명하고, 또 순언 부사 이억기를 전라우수사로 전임시켜 그들의 개인적인 능력에 나라의 운명을 맡기는 것으로 만족해야 했던 유성룡(柳成龍)의 심정은 참담하기 짝이 없었다. 그러나 이 정도라도 조치를 취해 놓아 후에 조국을 위기에서 구하게 된다.

원균(元均)

바보왕 이연과 함께 조선을 파멸로 이끈 또 하나의 기억하고 싶지 않은 인물이다. 그러면서도 조선 해군사에서 빼놓을 수 없는 인물이다.

온갖 뇌물을 다 동원하여 전라좌수사에 임명된 바 있으나, 그의 공적이 없고 인물 됨됨이를 못마땅하게 여긴 사간원의 반대[1]로 다시 함경도 부령 부사로 쫓겨 가야 했다.

임진왜란 발발을 불과 2개월 앞두고 민심은 자꾸만 흉흉해졌고, 국방에 대한 신임은 전무하였다. 이때, 조정에서는 다시 해상방위 문제가 중요한 쟁점으로 떠오르게 되었다.

기회만 노리고 있던 원균의 후견인들은 맹렬히 공작을 펴서, 한 번 불합격 판정을 받은 원균을 기어코 경상우수사로 발령시키고 말았다. 원균이 임지에 도착하자, 그동안 불안에 떨던 주민들은 새 수사 원균을 환영하였고, 그에게 큰 기대를 걸게 되었다.

원균은 의기양양하여 그의 보금자리가 될, 본영이 있는 오아포(五兒浦)로 향하였다.

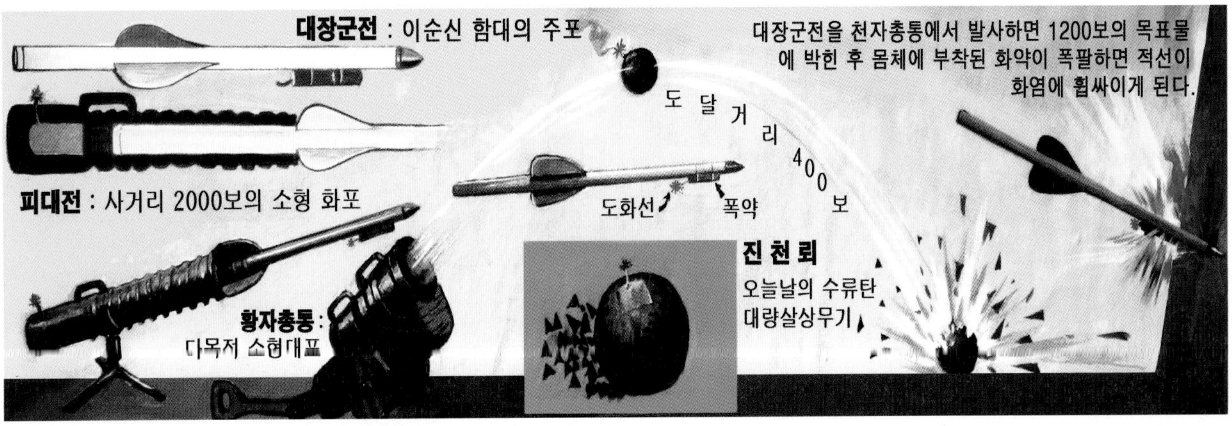

1) 이때 사간원에서는 "전에 수령으로 있을 때 고적(考積)이 거하(居下)였는데, 겨우 반년이 지난 오늘 좌수사에 초수(超授)하시니 출척권징(黜陟勸懲)의 뜻이 없으므로 물정이 마땅치 않게 여깁니다"라고 하였다. 이는 원균이 어느 고을의 수령으로 있으면서 그 공적이 없어 파직당하였는데 반년 만에 좌수사에 오르는 것이 적절하지 않다는 뜻이다.

피대전:
소형이지만 장거리용으로 사정거리 2,000보
황자총통:
소형이지만 간편한 다목적 대포
진천뢰:
수류탄처럼 탄환이 폭발할 때 수백 개의 철파편이 튀어나와 대량살상이 가능하다.
대장군전:
이순신함대의 주포인 천자총통으로 사정거리 1,200보. 적선 깊숙이 박혀 몸체에 부착시킨 화약이 터지면서 전선은 화염에 휩싸이게 된다.

경상우수영은 거제도 남쪽 끝에 위치한 오아포에 있었다. 이곳은 경상도의 8관 16포를 방위하는 최일선으로서, 광활한 수역을 지키기 위하여 해군 병력이 무려 1만 2,000명에 달했고, 전함(판옥선)만 해도 75척에 달하는, 조선 남해안 최대의 해군기지였다. 원균이 애당초 노렸던 전라좌수군보다 모든 면에서 무려 3배나 규모가 크고 넓은 조선의 주력 수군이었던 것이다.

그러나 의기양양하여 도착한 원균의 눈앞에 펼쳐진 우수영에서는 그 위풍당당한 모습은 찾아볼 수 없었고, 관리가 제대로 되지 않아 형편없이 스산한 모습만이 펼쳐져 있었다.

원균이 받은 첫인상은 놀라움 그 자체였다. 사열식에 도열한 해군 병사들은 완전히 오합지졸이었고 그나마 소집된 병사들의 숫자도 불과 수백 명에 지나지 않았다.

도대체 전임 수사는 그동안 무엇을 했단 말인가? 크게 실망한 원균은 우수영에 있는 전함들의 보존 상태를 시찰하여 보았다.

역시 전함의 보존 상태도 한심하기 짝이 없었다. 돛대는 부러져 있었고 노의 숫자도 부족했다. 당장 왜적이 쳐들어온다 해도 출동시킬 만한 전선은 불과 몇 척에 지나지 않았다.

원래 원균은 육장(陸將)이어서 해군의 실정에는 눈이 어두웠다. 그러나 그도 오랜 세월 군에 몸담아 온 장수였다. 원균은 서둘러 우수영의 기강을 바로잡고 전선 수리도 대대적으로 착수해야겠다고 생각하였다.

그런데 현지의 부관들은 그의 노고를 위로한다며 먼저 술좌석으로 안내하였다.

본래부터 성품이 음탕하여 주색잡기를 즐기던 원균이었다. 기생들과 함께 아름다운 경치 속에 푹 빠져드니, 어느덧 전선을 수선하고 군의 기강을 바로잡아야겠다는 결심은 봄날 눈 녹듯이 슬그머니 사라져 버렸다.

이리하여 이 무능한 육장은 처음 경험하게 되는 해군의 성질도 채 파악하기 전에 먼저 술과 계집에 빠져 버렸다.

또한 원균은 심심하면 군기를 잡는답시고 병사들을 포악하게 다루어 도망병이 속출하였고, 그나마 붙어 있는 병사들은 대립(代立)[2]을 세우기 위한 뇌물 마련에만 혈안이 되어 있는 그야말로 최악의 상태로 임진란을 맞게 된다.

이렇듯 환란을 대비해 임명된 두 장수는 서로의 차이를 극명하게 드러내며 수군(水軍)으로 거듭나고 있었다.

조일전쟁(朝日戰爭) 개전(開戰)

조선이 이처럼 한심한 왕 때문에 스스로 파멸의 길을 걷고 있는 동안 바다 건너 일본에서는 전혀 대조적인 일들이 착착 진행되고 있었다.

1591년 3월 9일, 일본의 대(大)추장 도요토미 히데요시는 휘하의 중신인 5명의 다이로(大老)와 3명의 주로(中老) 등을 오사카(大阪) 성으로 소집하여 조선 침략을 정식으로 결정하였다.

조선 통신사 일행이 일본을 떠난 지 약 4개월, 이순신이 좌수사가 된 지 1달이 지난 시점이었다. 오사카 회의 결과에 따라 전국의 영주들에게 즉각 선박 건조 할당량이 주어졌다.

2) 대립(代立)이란, 병적에 있는 자가 약 3~4개월간 휴가를 얻는 대신 자신의 사노(私奴)를 복무시키고 역가(役價)로 면포 150필이나 미곡 등을 바치는 행위였다. 원균 휘하에 꼭 있어야 할 1만 2천 명의 병사들 대신에 극소수의 오합지졸들만이 모여 허송세월만 보내고 있었던 것이다.

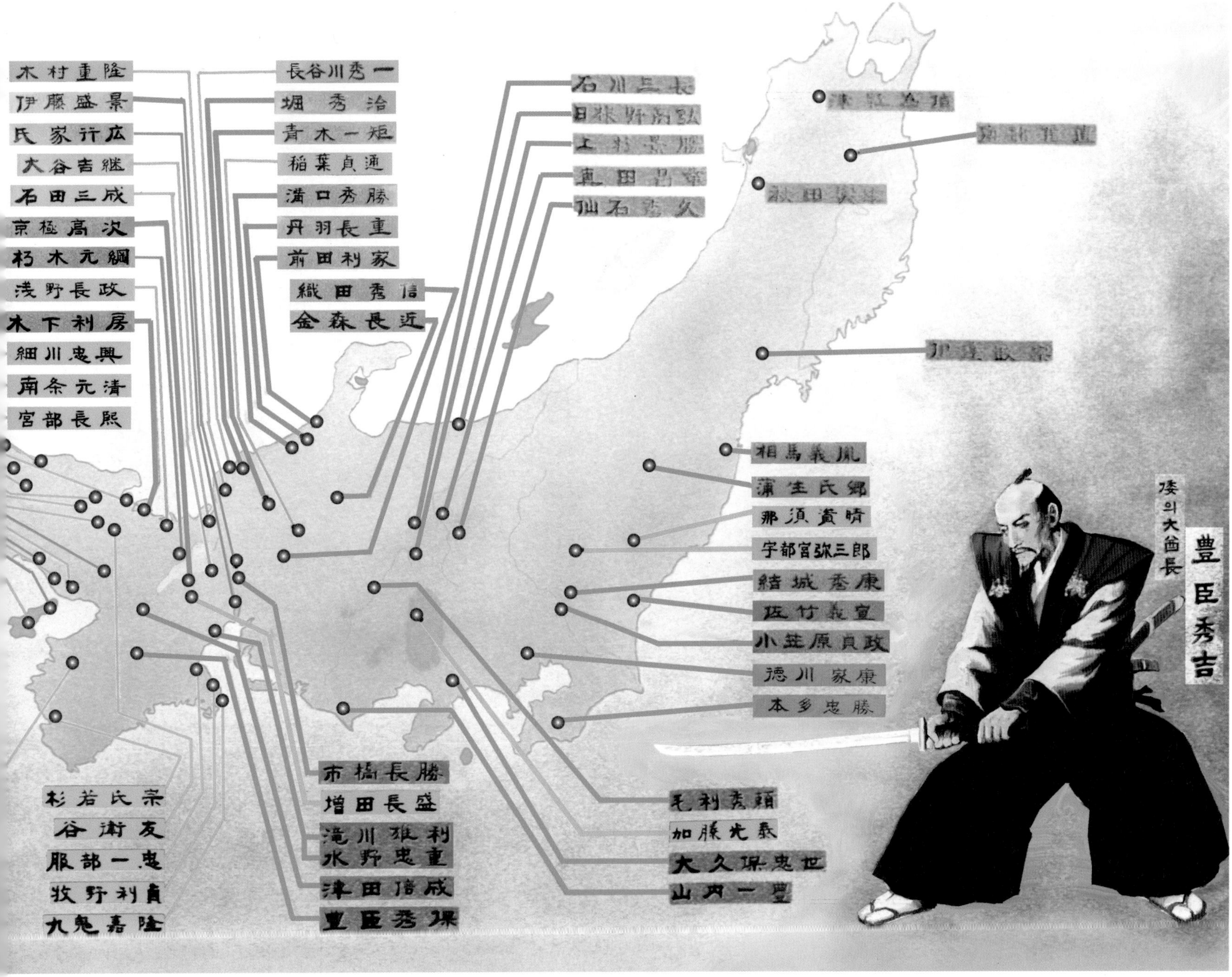

고니시 유키나가(小西行長)
당시 나이 40세, 독실한 천주교 신자로서, 영세명은 어거스틴이다. 십자가를 군기에 그려 넣고 조선침략군의 선봉 제1군 사령관으로 왜군 7,000명의 부하들과 사위인 대마도주의 아들 소 요시토모(宗義智)의 5,000명 해적, 마쓰우라 시게노부(松浦鎭信)의 3,000명 해적, 아리마 하루노부(有馬晴信)의 2,000명, 오무라 요시사키(大村喜前)의 1,000명, 고지마 스미하루(五島純玄)의 700명 등 총 18,000명을 이끌었다.

가토 기요마사(加藤淸正)
당시 나이 38세, 독실한 불교신자로서, '南舞妙法蓮華經(나무묘법연화경)'의 깃발을 들고 배에는 불당을 모셔 놓았다.

히데요시는 대조선 전쟁의 지휘 본부를 나고야(名護屋) 성에 설치하고 1592년 3월 15일을 기하여 원정 군역(遠征軍役) 즉 병력 동원령을 포고하였다. 이에 따라 전국의 영주들은 제 영토 내의 쌀 생산량에 비례하여 보급품과 병사의 징집을 감행하였다.

그 결과 정규군 30만 7,000명, 10만 명 이상의 잡역부(수군의 놋꾼 포함) 등 도합 40만 명 이상의 대병력이 동원되었

다. 1592년[선조 25년, 일본은 분로쿠(文祿) 원년] 3월 16일, 그동안 일본전국을 전쟁준비의 도가니로 몰아넣은 히데요시는 교토를 출발하여 조선 침략전선의 총본부인, 새로 건립한 나고야성(名護屋城)으로 향하였다.

그의 뒤를 이어 나고야에 머무를 예비군과 조선으로 출병할 군단들이 연속적으로 출발하여 역사상 일본 최대의 군 행렬이 4월 6일까지 계속되었다.

나고야성은 히데요시의 심복인 가토 기요마사에 의하여 단 두 달 만에 완성되었다는 전설적인 성으로, 조선 7년 전쟁 동안 일본의 작전지휘 본부로 사용되었다.

이리하여 대조선 전쟁을 위한 총집결이 완료되었다. 조선 출정군은 모두 9개 군으로 나뉘었다.

제1군	고니시 유키나가	18,800명
제2군	가토 기요마사	20,000명
제3군	구로다 나가마사	12,000명
제4군	시마즈 요시히로	15,000명
제5군	후쿠시마 마사노리	24,000명
제6군	고바야카와 다카카게	15,000명
제7군	모리 테루모도	30,000명
제8군	우키다 히데이에	10,000명
제9군	하시바 히데카스	11,500명
총 대장	우키다 히데이에(宇喜多秀家)	
총 감독	마스다 나가모리(增田長城), 이시다 미쓰나리(石田三成), 오타니 요시쓰구(大谷吉繼), 조선(朝鮮)관리역 후루타 시게카쓰(古田重勝)	
육군 감독	구로다 요시타카(黑田孝高), 아사노 나가마사(淺野長政)	
육군 대장	고니시 유키나가(小西行長), 가토 기요마사(加藤淸正)	
해군 감독	후쿠하라 나가요시(福原長堯), 가케히 가스나오(筧一直), 구마타니 나오모리(熊谷直盛), 모리 다카마사(毛利高政)	
해군 대장	구키 요시타카(九鬼嘉隆), 시마즈 다카히사(島津貴久), 가토 요시아키(加藤嘉明), 도도 다카토라(勝堂高虎), 와키자카 야스하루(脇坂安治), 도쿠이 미치토시(得居通年), 구루시마 미치후사(來島痛總)	

총병력 15만 8,800명이었다.

1592년 4월 12일 이른 새벽, 부산포의 첨절제사(僉節制使) 정발(鄭撥)은 오랜 습관대로 수하의 병졸 몇 명만 데리고 자신의 관내를 순찰하고 있었다.

정발 장군, 25세 때 궁마(弓馬)로 무과에 급제한 후 36년 동안 변방만 돌며 무골(武骨)로 살아오다 어느덧 60세

의 늙은 몸이 되었다. 그러나 아직도 정정하여 그 옛날 흑의장군(黑衣將軍)으로 명성을 날리던 시절을 떠올리게 하는 노장이었다.

정발과 그의 일행이 부산진성(釜山鎭城)을 빠져 나와 절영도(絕影島: 영도)에 도착했을 때 아직 채 밝지 않은 새벽 바다 위로 수백 척의 선단이 바람을 등에 업고 무서운 속도로 전진해 오고 있는 것을 발견하였다.

그동안 소문만 무성하던 왜적들의 침입이 현실로 나타났음을 직감한 정발은 즉시 부산진성으로 돌아가 휘하병사 700여 명에게 비상사태를 알리고 즉각 전투태세를 갖추게 하였다.

마침내 소위 임진왜란(壬辰倭亂: 일본에서는 文祿의 役)으로 알려진 조·일(朝·日) 7년 전쟁의 서막이 오른 것이다.

새벽 안개를 뚫고 고니시 유키나가(小西行長)가 지휘하는 제1군 1만 8,000명은 빠른 속도로 부산포 상륙 작전을 마쳤다. 언덕 위의 부산진성에서 왜적들의 상륙을 지켜보던 정발 첨사는 긴장하지 않을 수 없었다.

자신의 휘하 장병 700명으로 어떻게 저 많은 왜적들을 막아 낼 수 있을 것인가! 그렇다고 장군된 자로서 적병들이 부산진성을 통과하도록 내버려 둘 수도 없는 노릇이 아닌가!

원래 조선의 속령이었던 대마도는 일본과 조선의 눈치를 살피며 살던 중 이번에 강력한 히데요시의 압박으로 왜군으로 이 전쟁에 참가하였다. 따라서 대마도주의 아들 요시토모가 부산진성의 사정을 잘 알고 있었고 그의 안내에 따라 유키나가의 제1군은 서슴지 않고 부산진성을 공격할 수 있었다.

제1군대장 고니시 유키나가는 천주교 신자였으며, 그의 딸 마리아(영세명)와 결혼한 대마도의 작은 도주(島主) 요시토모 역시 천주교 신자였다. 이들은 그들에게 영세를 준 포르투갈의 흉내를 내어 군기에 십자가를 그려 넣고 흡혈귀처럼 부산진성을 향해 달려들었다.

무조건 항복하라는 유키나가의 협박에 분노한 정발 첨사는 60세의 고령임에도 불구하고 700명의 병사들을 이끌고 진의 선두에 서서 결사적으로 왜적의 진공을 막았다. 그러나 왜병들은 조총으로 무장하여 재래식 활로선 속수무책이었다.

천지를 뒤흔들 듯 쏘아 대는 요란한 조총소리에 피 흘리며 쓰러져 가는 조선군의 비장한 사투. 그러나 왜적의 등 뒤로 물밀 듯이 밀려드는 제2군의 거대한 함대를 발견한 흑의장군은 더 이상 자신의 힘으로는 부산진성을 막아 낼 수 없음을 알았다.

부산진성에서 혈전을 벌이고 있는 정발을 지원하기 위하여 달려온 다대포첨사 윤흥신(尹興信)은 왜적들과 백병전을 전개하며 싸우다가 전사하였고, 노장 정발도 최후까지 사투를 벌이다가 결국 700명의 병사들과 함께 장렬하게 전사하였다.

그러나 모든 조선의 무장들이 다 영예스럽게 나라를 지키려 생명을 바친 것은 아니었다. 부산진성 수비에 큰 책임을 지고 있던 경상좌수사 박홍(朴泓)은 엄청난 왜병에 미리 겁을 먹고 비겁하게도 동래(東萊)로 도망쳐 버렸다.

부산진성에 갑자기 총소리와 함성 소리가 멎었다. 정발첨사를 비롯한 700명의 조선 병사들이 모두 전사한 것이다. 개전한 지 불과 2시간이 흘렀을 뿐이었다. 그때 일본 측에서 아침 해가 솟아올랐다. 왜적들은 조선 상륙 후 첫 전투에서 승리를 거둔 것이다.

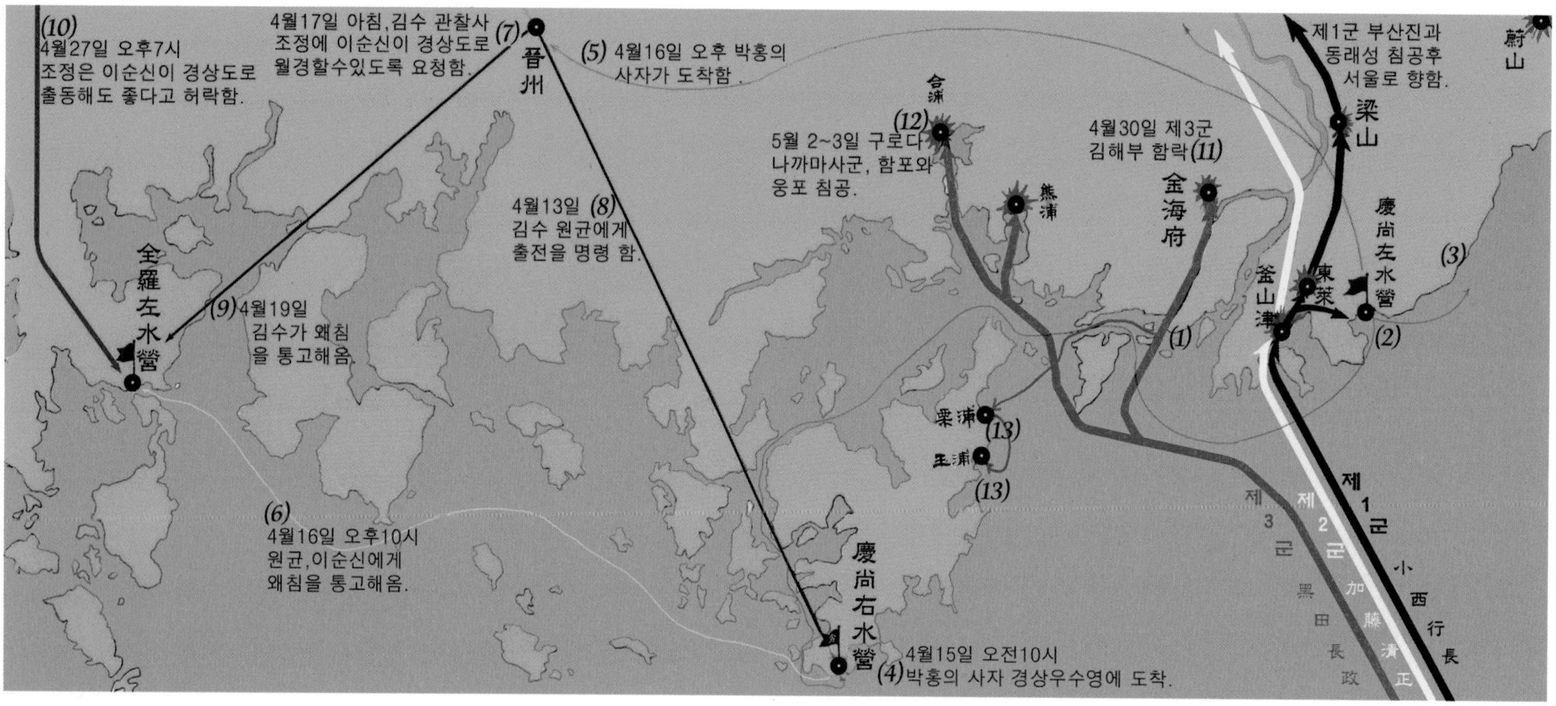

① 4월 12일 부산진 함락
② 4월 14일 동래성 함락
③ 수사 박홍이 도망가 버려 좌수군 흩어짐
④ 4월 15일 오전 10시, 박홍의 사자(使者)가 경상우수영에 도착
⑤ 4월 16일 오후, 박홍의 사자가 도착
⑥ 4월 16일 오후 10시, 원균, 이순신에게 왜침 통고
⑦ 4월 17일 아침, 김수 관찰사, 조정에 전라좌수군이 경상도 경내로 월경할 수 있도록 긴급 요청
⑧ 4월 18일, 김수, 원균에게 출전을 명령함
⑨ 4월 19일, 김수, 이순신에게 왜침 통고
⑩ 4월 27일 오후 7시, 조정은 이순신함대가 경상도 지역으로 출동해도 좋다는 허가를 내리고 이순신에게 작전권을 부여함
⑪ 4월 30일, 왜적 제3군, 김해부 침공에 성공
⑫ 5월 2~3일, 구로다 나가마사, 합포와 웅포를 침공

※ 제1군 - 부산진과 동래성을 함락시키고 서울로 향함
※ 제2군 - 경주를 거쳐 서울로 향함

위 도표는, 전쟁발발 소식이 전라좌수영에 전달되는 과정과, 김수 관찰사가 전라도 해군이 경상도 권역으로 넘어가서 왜적과 싸워도 좋다는 허락을 받아 내는 과정을 보여주고 있다.
왜군 15만이 상륙하는 데는 수십 일이 걸렸으므로 임금의 허락에 관계없이 전라 좌우 수사가 병력을 움직여 항해 중인 수송선단을 요격했더라면 전쟁은 전혀 다른 시작을 보였을 수 있다. 그러나 허락 없이 관할을 벗어나면 대역죄가 되므로 이는 있을 수 없는 일이었던 것이다.
이렇듯 교통과 통신이 발달하지 못했던 시대에 군사력의 중앙 집권화는 국방력을 현저히 떨어뜨리게 된다.
조선을 제외한 세계의 대부분의 나라들이 이로부터 3세기가 지난 19세기에 이르러서야 지방 호족 또는 귀족들의 사병을 철폐하고 진정한 의미의 봉건정치에서 탈피한 데 비하여, 수백 년 빨리 왕권의 유지를 위해 사병을 철폐하고 군권을 장악하는 대신 대국의 속국을 자처하며 국방을 남의 나라 손에 의지했던 결과가 임진왜란과 병자호란의 참담한 결과를 낳았던 것이다.
물론 조선의 왕실은 이 같은 정책으로 외적에게는 취약하였으나 내부의 민중혁명은 모두 막아내 왕실을 보존하려는 목적은 달성하였다.

왜병들의 만세 소리는 바다 건너 그들의 대추장인 히데요시의 귀에까지 들릴 듯하였다.

서전을 승리로 장식한 고니시 유키나가는 곧바로 병사들을 수습하여 부산진성의 본진인 동래(東萊)로 향하였고, 그날 오후에는 동래성을 포위하게 이르렀다.

동래부사는 송상현(宋象賢)이었다. 왜병의 부산진성 침공을 알리러 왔다던 박홍은 왜군이 동래성으로 몰려들자 또다시 모습을 감추고 말았다. 그뿐만 아니라 동래성의 방위를 맡고 있던 경상 좌병사 이각도 겁을 먹고 달아나버렸다.

조선의 비겁한 장수들 중에서도 경상좌도 수군절도사인 박홍의 도주는 가장 비열한 것이었다. 그는 40년 가까이 무인으로 지내면서 경상좌수사의 위치에 오른 인물로, 당시 판옥선 75척과 협선 등 모두 백여 척이 넘는 대함대와 해군 1만 2,000명을 거느린 원균의 경상우수영과 함께 조선 주력 수군의 수장이었으면서도 왜적을 맞아 해전을 벌이기는커녕 몰래 도주해 버렸던 것이다.

왜적들에게 유린당하여 불타는 동래성을 뒤로하고 도망치던 박홍은 자신의 장군답지 못한 행동이 부끄러워 깊은 산 속으로 들어가 다시는 세상에 나타나지 않았다. 그러나 박홍은 도망치기 전에 부하들을 각 수영(水營)에 보내 왜침을 통보하도록 하였고, 파발마를 따로 서울로 띄우기도 하여 그나마 작은 역할을 하기는 하였다.

하지만, 동래부사 송상현과 죽음을 같이하려는 용감한 병사들과 장수들도 많이 있었다. 양산군수 조영규(趙英圭)를 비롯하여 홍윤관, 송봉수, 노개방 등의 장수들이 그들로 목숨으로 동래성을 사수하기로 결의한 것이다.

우려했던 왜적들이 부산진과 동래를 일거에 함락시킨 사실은 원균에게 너무나 큰 충격을 안겨 주었다.

원래부터 겁이 많은 이 비대한 몸집의 육장은 갖은 뇌물을 다 동원하여 추운 함경도를 피해 잘 알지도 못하는 해군제독으로 임명되어 와서 그동안 꿈같은 2개월을 보냈는데, 이제 그 무서운 왜적과 싸우게 된 것이다.

4월 18일, 경상관찰사 김수는 원균에게 즉각 출동하여 왜적들을 요격하라고 명하였다. 원균은 휘하의 장수들을 소집하여 출전을 준비하도록 지시하였다. 그러나, 그는 부임 후 2개월여 동안 주색잡기로 시간을 보냈으므로 경상우수영의 사정을 제대로 파악하지 못하고 있었다.

장수들의 보고를 통해 이제야 파악한 우수영의 사정은 충격적이었다. 판옥선 44척과 협선 29척 등이 있어야 할 전함은 관리를 제대로 하지 않고 방치하거나 파손된 채 수리를 하지 않아 사용할 수 있는 것은 몇 척에 지나지 않았다.

또한 함재포를 비롯하여 활과 창칼 등의 무기류는 녹이 슬고 무디어져 제대로 쓸 수 있는 것이 없었고, 1만 2,000의 병사가 있어야 할 병영에는 수백 명만이 있을 뿐이었다.

경상우수사 원균, 그는 할 말을 잃었다. 경상우수영의 수사로 부임해 온 지 벌써 두 달이 지났다. 그러나 아직까지도 자신이 지휘해야 할 병사들과 전함들의 상태 등 어느 것 하나 제대로 파악하고 있는 것이 없었다.

수만의 왜군이 수백 척의 군선을 이끌고 이곳으로 진격해 오고 있어서 우물쭈물할 시간은 없었다. 만약 이곳이 적에게 유린되기라도 하면, 지난 200년 동안 이곳에 보관하여 오던 모든 재물과 군사 기밀문서들이 고스란히 왜놈들의 수중으로 넘어가게 될 것이었다.

지금 이대로 출전하면 물귀신이 될 것은 뻔한 이치인데, 그렇다면 최소한 왜적들이 이곳을 점령하더라도 우리의 군사 기밀이 저들에게 넘어가는 일만은 막아야 했다. 뿐만 아니라, 저들이 우리의 군함을 수리하여 우리 해군과 싸우는 일만은 결코 있어서는 안 되었다.

그러나 군을 거느린 대장으로서 스스로 자신의 생명과도 같은 함대를 파괴시킨다는 것은 얼마나 수치스러운 일인가! 한려수도의 아름다움에 취하여 제 본분을 망각하고 꿈속에서 나날을 보냈던 원균은 그래도 늦게나마 군인으로서의 마지막 양심을 되찾고 있었다.[3)]

4월 19일, 경상도 사령관으로부터 적을 요격하라는 명을 받고 마음이 어지러워진 원균은 왜적들이 금방이라도 쳐들어 올 것만 같은 두려움에 떨며 마침내 관고(官庫)를 불태워 모든 군사 기밀 문서를 없애 버리고 경상우수영 함대 중 전함(판옥선) 40척과 협선 17척 등 모두 67척을 스스로 바다에 수장시켜 버렸다. 그러고는 오아포 수영을 빠져 나와 사천(四川)으로 도망쳤다.

3) 그나마 관고를 불태우고 장비를 수장한 것을 최소한의 양심으로 평가하여 쓰고 있는 것은 당시 원균과 같은 조치조차 하지 않고 식량과 화약, 무기류, 기밀문서 등을 그대로 둔 채 도망간 장수들이 워낙 많았기 때문이다. 참으로 씁쓸한 당시의 상황이 아닐 수 없다.

| 이순신 연합함대(李舜臣 聯合艦隊) |

이순신함대 제1차 출동

이순신함대 적선 69척 격침-제2차 출동

한산대첩(閑山大捷)

입혈금호(入穴擒虎)-제4차 출동

李舜臣艦隊 出動

李舜臣艦隊 第一次 出動
이순신함대 제1차 출동

> "하늘로 날을 삼고 땅으로 씨를 삼아 온 천하를 경륜하여 다스릴 인재로서, 하늘을 깁고 해를 목욕시키는 공을 세웠다(經天緯地之才補天浴日之功)."[명 제독 진린(明 提督 陳璘)]

진린은 명나라 제독으로서 소위 조선을 돕는다는 명분을 앞세우고 조·일 7년 전쟁에 참전하였다. 갖은 못된 짓으로 조선의 성웅 이순신을 괴롭히고 적장의 탈출구를 마련해 주는 등 결코 도움이 되지 못한 인물이었다.

이순신의 공을 극도로 질투하고 가로챈 그였지만, 이순신이 혼자의 힘으로 해를 목욕시키는 일과 같은 절대 불가능한 일을 해내자, 이에는 경탄을 금치 못하고 결국 이순신 제독의 인물과 공적을 이렇게 높이 평가하고 있다.

1592년 4월 11일, 그동안 조방장(助防將) 정걸(丁傑)과 나대용(羅大用)을 중심으로 개량해 온 판옥선에 뚜껑과 용머리 및 돛을 달고 대포들을 장착하여 드디어 거북선을 완성시켰다. 1592년 4월 12일 아침, 진수식(進水式)이 거행되었다. 배의 이름은 귀선(龜船: 거북선)이라 명명되었다. 완성된 모습이 흡사 거북과 비슷하여 붙인 이름이었다.

이 거북선의 크기를 살펴보면 다음과 같다. 길이가 27.6m, 머리에서부터 꼬리 끝까지는 무려 33.7m에 이른다. 너비가 9.2~10.4m, 높이가 6.6m에 달하는 거선(巨船)이었다.

거북선의 승선 인원은 선격, 무사, 타공, 요수, 정수 등이 각각 2명씩, 사부, 화포장, 포수 등 포병 52명, 좌우 8자루 씩의 노에 놋군 80명, 예비 놋군 20명 등으로 총 162명에 지휘관 등 180명 내외가 승선하였다.[1]

1) 판옥선과 함께 기록에 따라 승선 인원 및 제원이 다르다. 시대에 따라 크기에서 부터 승선인원 등의 변화가 있었던 것이며, 임진왜란 당시의 정확한 모습에 대해서는 아직 완벽하게 알아내지 못하고 있다.

노는 배의 기동력을 좌우하는 것으로, 한 자루당 노장 1명과 4명의 병졸이 달라붙어 전투 중에는 전원이 서로 교대하며 전력을 다하여 노를 젓게 된다.

주요 화력으로는 좌우 방패판에 각각 22개씩 총구가 있고, 거북머리에도 2개의 소포 포구가 있으며, 아래 양쪽에는 대포 포구가 두 개 뚫려 있다. 또 배 양편에 12개의 대포 포구가, 꼬리 쪽에도 대포 포구가 있다.

거북선의 주포로는 천자(天字), 지자(地字), 황자총통(黃字銃筒) 등이 있었다. 그중 황자총통은 군함 머리 속에 숨어 있다가 전투 중 적의 대장선 밑으로 파고들어, 포를 자유자재로 회전시키며 발사하여 적장을 죽이는 등의 특수 목적에 사용되었다.

한편, 천자총통은 포의 총중량이 1,290근이었고, 한 번에 사용되는 화약 무게만 해도 무려 30냥이나 되었다. 수철연의환(水鐵鉛衣丸)을 발사할 경우 그 도달 거리가 10리에 달했고, 조란환(鳥卵丸)을 무려 300개나 한꺼번에 발사할 수 있는 대량 살상용 무기였다.[2)]

1592년 4월 12일, 이순신이 처음 진수한 거북선에 승선하여 여러 가지 함재 대포들을 쏘아 보며 가상의 해전 연습에 돌입하기 불과 수 시간 전, 그러니까 같은 날 새벽, 그가 그토록 염려하던 왜적들이 고니시 유키나가(小西行長)를 선봉으로 하여 부산진을 유린하고 있었다. 너무나 이상한 우연이었다.

그로부터 4일 후, 원균은 왜군의 침입사실과 부산진의 함락 등을 통보해 왔고, 4월 19일에는 관찰사 김수로부터도 연락을 받았다.

그러나 이순신 장군은 모든 전투 준비를 끝내 놓고도 그의 관할 지구인 전라좌수영을 벗어나 경상우수영의 작전 지구로 출동해도 좋다는 상부의 허락이 없어 초조하게 대기만 하고 있을 수밖에 없었다. 만약 최고 통수권자인 선조의 허락 없이 임의대로 군을 이동시켰다가는 후에 어떤 문책을 당할지 알 수 없었던 것이다.

4월 17일 아침, 긴급히 출발한 김수 관찰사의 파발마가 한성에 도착하였고, 성격이 변태적인 왕 이연(선조)이 불참한 가운데 긴급 대책회의가 열렸다. 왕을 달래어 겨우 이순신의 전라좌수군이 원균의 경상우수군 작전구역 내로 이동해도 좋다는 허락을 받아 냈다. 김수가 요청한 날로부터 무려 10일이 지난 4월 27일 오후 7시에 조정의 파발마가 전라좌수영에 도착하였다.

2) 기록에 따라 약간 다르지만 1400년대 이전에 개발된 것으로 보이며, 같은 천자총통이라도 조금씩 사양이 다르다.
한 번 발사에 30냥(약 1.1Kg)의 화약을 쓰고, 길이는 1.53m(1.31m인 것도 있다), 포구 직경은 약 13cm, 주로 30Kg 내외의 화살 형태인 대장군전을 발사체로 쓰고 이 외에 일종의 산탄인 조란환 등도 사용하였다. 약 1.5~2Km의 사정거리이며 당시로서는 세계 최고의 화포였다.
현재 1555년 명종 때 제작된 1점과 연대를 확인하지 못한 1점이 현물로 남아 있다.

이순신은 경상도로 출동하기 위하여 정부로부터 받은 공문을 경상우수사인 원균에게 통보하면서, 경상우수군의 현재 상황과 서로 만날 장소를 문의하였다.

아울러 전라좌수영 내의 모든 지휘관도 4월 29일까지 출전 준비를 끝내고 집결하도록 명령을 내렸다. 4월 29일 정오, 원균의 파발이 도착하였다.

그런데 원균으로부터 온 소식은 매우 놀라운 것이었다. 사태가 이순신이 생각했던 것보다 훨씬 심각한 상태여서 처음 계획했던 단독 출전으로는 왜적들을 제압할 수 없음을 깨닫게 되었다. 원균의 회답은 다음과 같았다.

1. 왜적의 규모는 5백 척 정도이다.
2. 적선이 현재 정박하고 있는 곳은 부산, 김해, 양산강(梁山江), 명지도(明旨島) 등이다.
3. 경상우수군이 적선 10척을 격침시켰다.(이 부분은 원균의 거짓말이다.)
4. 적은 많고 아군은 적어서 결국 이를 막지 못하고 경상우수영이 적에게 함락되었다.
5. 만날 장소는 당포(唐浦, 경남 통영군 신양면 산덕리)로 정한다.

처음에는 정부의 명령대로 원균 함대와 연합하여 작전을 펼 생각이었으나, 이제 원균의 공문을 보니 적선은 500척이고 경상우수영은 이미 괴멸된 상태였다.

그러면 이순신은 그의 전함 24척만으로 적의 500척과 어떻게 싸울 것인가? 이미 경상좌·우수군이 모두 괴멸된 상태에서 전라좌수군마저 괴멸된다면 나라의 운명은 종말을 고할 것이다.

마침 이순신의 요청을 받은 전라도 순찰사 이광(李洸)은 전라우수군에 명령을 내려 이순신을 지원하도록 하였다. 이에 이억기는 4월 30일, 그의 함대(전라우수영)를 이끌고 즉각 출동하겠다는 공문을 보내왔다.

이순신은 출전준비를 마치고 이억기 함대가 도착하기만을 고대하고 있었다.

그러나 5월 3일이 되어도 이억기 함대가 도착하지 않자, 이순신은 더 이상 시간을 지체할 수가 없다고 생각하고 병사들을 일찍 쉬게 한 후 5월 4일 드디어 여수를 출항하였다.

이순신함대의 처녀출전에는 전라좌수영의 모든 함선이 총망라되었다. 우선 전투함인 판옥전선(板屋戰船)이 24척, 통신연락선인 협선이 15척, 전선의 수효가 많은 것처럼 위장하기 위해 만든 포작선(鮑作船)이 46척 등 총 85척이었다. 그러나 실전에 투입할 수 있는 군함은 판옥전선 23척과 거북선 1척뿐이었다.

처녀 출전한 이순신은 매우 불안한 항해를 계속해야 했다. 남해현령 기효근이 겁에 질려 사천으로 달아났기 때문에 혹시 있을 왜적의 배후 공격에 대비하면서 전진해야 했다. 할 수 없이 좌·우 2개의 수색조를 편성하여 왜적의 행방을 탐색하면서 각지에 숨어 있는 군관들을 찾아 소비포로 집결시키도록 하였다.

5월 5일 정오경, 당포 앞바다에 도착한 이순신은 경상우수군 함대와 연합함대를 구성하여 왜적을 요격하려 하였으나, 경상우수군의 기동함대는 보이지 않고 5월 6일 아침 8시가 되어서야 원균이 판옥 전선 1척을 타고 나타났다.

이때 원균은 제 함대를 모두 오아포 앞바다에 수장하고 사천으로 도망쳤다가, 이순신의 기동함대의 도착을 확인하고 나서야 숨어 있던 한산도에서 기어 나온 것이다.

기대했던 원균 함대가 이미 존재하지 않음을 발견한 이순신은 실로 경악하였다. 그러나 이미 적을 치기 위해 출전한 상태였으므로 실망만 하고 있을 수는 없었다.

불행 중 다행으로 원균의 부하들 중 남해현령 기효근과 영등포만호 우치적, 옥포만호 이운룡 등이 각각 원균의 눈을 피해 숨겨둔 전선 3척과 협선 2척을 타고 와서 경상우수영의 전선은 4척으로 늘어났다. 그중 기동이 가능한 3척을 연합함대에 편입시켰다. 이로써 비록 3척에 불과한 경상우수군 함대였지만, 형식상으로는 전라좌수군과 경상우수군이 연합함대를 구성하게 되었다.

따라서 연합함대는 전투군함이 28척(우수영 1척은 기동불능이나 편제로는 포함), 협선은 17척으로 늘어났다.

이순신 기동함대

좌부장: 신호(申浩)
우부장: 김득광(金得光)
전부장: 배흥립(裵興立)
중부장: 어영담(魚永潭)
중위장: 이순신(李舜臣)
유군장: 나대용(羅大用)
후부장: 정운(鄭運)
돌격장: 이언량(李彦良)-(거북선)
후　위: 경상우수군 3척

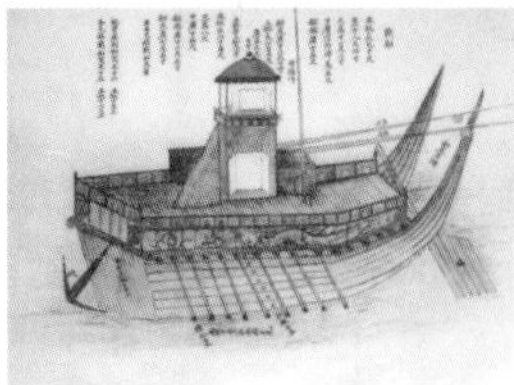

조선시대 선박에 관한 도면을 모은 책인 각선도본(各船圖本)에 기록된 판옥선

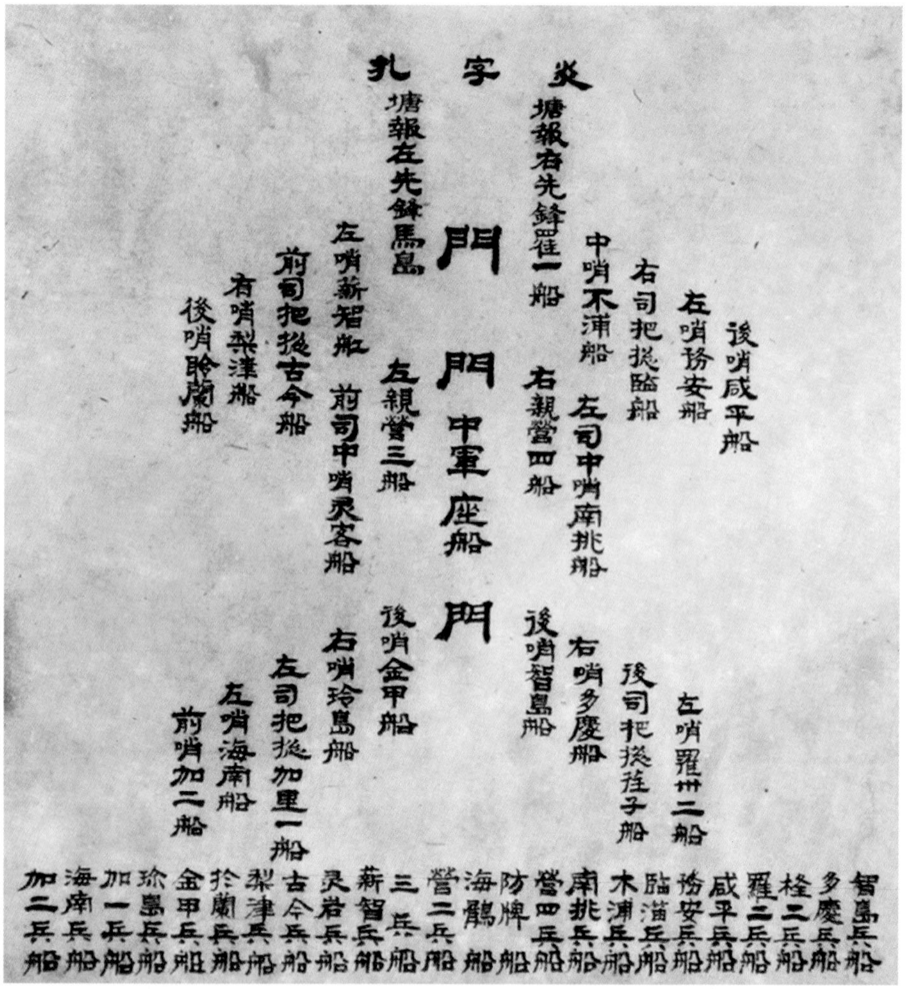

– 5월 4일 새벽, 이순신함대 출항
– 남해현령 기효근(奇孝謹), 미조첨사 김승룡(金勝龍), 평산포 권관 김축(金軸) 등이 숨어 있다가 이순신의 호출을 받고 판옥선 한 척을 타고 옴
– 소비포 권관 이영남(李英男), 사량 만호 이여념(李汝恬), 각각 협선을 타고 이순신함대에 합류
– 영등포만호 우치적(禹致績), 옥포만호 이운룡(李雲龍), 각각 전선을 타고 이순신함대에 합류

– 5월 7일 정오, 옥포 앞바다에 다다른 척후선 우척후선장 김완, 좌척후선장 김인영이 옥포만 안에 정박 중인 왜 선단을 발견하는 데 성공하였다.

그날 밤은 송미포에서 보낸 후 다음 날 5월 7일 오전 4시, 송미포를 떠나 가덕도로 향하던 중 옥포에서 드디어 왜적을 발견했다.

이때, 이순신 기동함대의 제장(諸將)들은 이미 목숨을 걸고 비장한 각오로 항해를 하고 있었다. 그때까지 이순신이 입수한 정보에 의하면, 왜선은 700척이 넘는다 했으므로 700대 28의 불가능한 해전을 각오하고 있었던 것이다.

5월 7일 낮 12시경, 옥포 앞바다를 돌아선 척후선으로부터 3발의 신기전(神機箭)이 발사되었다. 적을 발견했다는 신호인 동시에 적선의 수효가 약 30여 척으로 보인다는 신호이기도 했다. 돌연 병사들이 술렁대며 동요하기 시작했다.

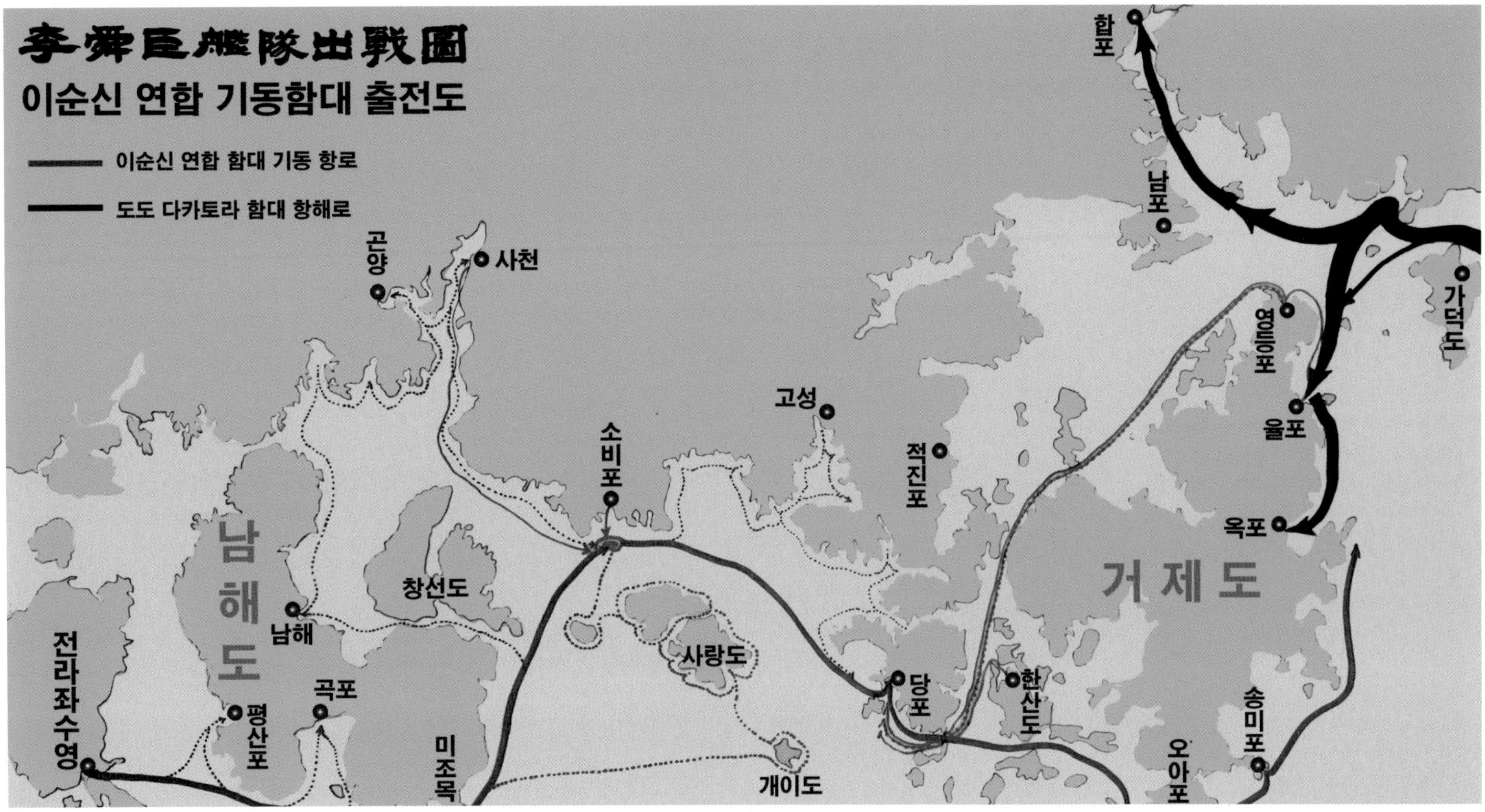

이때, 이순신은 "함부로 행동하지 말고, 침착하고 신중하기를 산과 같이 하라(勿令妄動 靜中如山)"라는 엄명을 각 선단에 하달하였다고 난중일기(亂中日記)에 적고 있다.

이때, 옥포만 안에는 일본의 최정예라는 도도 다카토라(藤堂高虎)가 오리우치 우치요시(堀内氏善) 함대와 연합함대를 구성하여 정박하고 있었다. 이들은 남해 해로를 열기 위한 최선봉으로서 부산진과 김해를 함락시키고 5월 6일 10시경, 율포(栗浦)를 유린한 후 5월 7일 아침, 이곳에 도착한 것이었다.

옥포에 도착하고 보니 조선수군은 그림자도 찾아볼 수 없었으므로, 다카토라는 대장들과 기생들을 데리고 기분 좋게 승리의 자축연을 벌이고 있었다.

그런데 느닷없는 부하들의 외침에 고개를 돌려 옥포만 입구를 쳐다보니, 전혀 생각지도 못한 조선함대들이 몰려오고 있는 것이 아닌가! 그런데 대장 다카토라가 유심히 살펴보니, 조선함대의 수효가 고작 30척 안팎이라 한 번 멋지게 승부를 걸어 볼 만하다고 생각하고 자신의 연합함대 50여 척을 즉각 출동시켰다.

3) 기록상으로 거북선의 최초 출진은 제2차 출동인 사천해전으로 되어있다. 그러나 제1차 출진의 옥포해전에서 돌격선의 활약이 나타나고 자원이 부족했던 조선 수군이 거북선을 빼 놓았을 것이라 생각되지 않으며, 제2차 출진에서 돌격대장(거북선)의 편제를 바꾸는 등으로 보아 옥포해전에서 거북선이 출진하여 그 효용성에 대해 시험하였을 것으로 보인다. 그러나 장계에는 사천해전에서 거북선의 효용을 한번 더 검증한 후 올렸을 가능성이 있다.

벌써 3주 이상이나 조선 해안을 누비고 다녔으나 이렇다 할 전투 한 번 제대로 못해 본 터에 이제야 겨우 조선해군의 도전을 받게 되자 다카토라와 우치요시는 단번에 조선해군을 격멸시켜 일본해군의 매서운 맛을 보여 줘야겠다는 각오로 기세 좋게 덤벼들었다.

당시의 해전이란 세계 어느 나라를 막론하고 접현전(接舷戰)이었다. 즉, 멀리서 대형화포를 발사하여 적선에 손실을 입힌 다음 서서히 접근하면서 봉화시(烽火矢)로 교전을 벌이게 된다. 그러고는 최종적으로 배를 밀착시켜 적선으로 뛰어올라 백병전을 벌여 승부를 내는 방식이었다.

백병전을 노리고 일본해군은 함대를 어려진(魚儷陣: 몰려다니는 물고기 모양)으로 펴고 조선함대를 향해 달려들었다. 일단 충돌하면 배에서 배로 옮겨 다니며 백병전을 벌이기 좋은 형태였다.

무패 전승 신화의 시작 옥포해전

그런데 이순신의 기동함대는 포구에 들어서더니 갑자기 양쪽으로 벌어지며 일본함대를 에워싸기기 시작한다. 소위 이순신의 독창적인 해전법인 학익진의 형태였다.

학익진(鶴翼陣)은 학이 날개를 펼친듯한 형태인데 이것은 어려진으로 달려드는 적들에게 중앙을 돌파당하면, 적군은 밀집해 있고 아군은 분산되어 있어 도저히 백병전으로는 이길 승산이 없는 형태였던 것이다.

결국 조선해군의 제독은 해전에 전혀 경험이 없는 자이거나 아니면 함선들이 일본함대가 돌격하여 오자 미리부터 겁을 먹고 사방으로 흩어지고 있는 중이거나 둘 중의 하나일 것으로 생각되었다.

이렇게 생각한 다카토라는 입가에 미소를 머금으며 벌써부터 승리감에 도취되어 버렸다.

그런데 다카토라 함대가 이순신함대의 기함(旗艦)에 바짝 접근했을 때, 갑자기 조선함대 속에서 이상하게 생긴 배 한척이 빠른 속도로 튀어나오더니 입속에서 대포를 발사하기 시작하였다. 다카토라의 최선봉 전함은 순식간에 화염에 휩싸이고 말았다. 이순신이 개발한 돌격선인 거북선의 출현이었다.[3)]

깜짝 놀란 다카토라가 정신을 차리고 살펴보니 적선의 갑판은 지붕으로 덮여 있고, 게다가 지붕 위에는 날카로운 창끝이 무수히 솟아 있어서 만약 적선에 올라타면 곧 고슴도치가 될 것이 분명하였다. 비겁한 조선수군이 모두 배 안에 숨어서 대포만 쏘아대고 있으니 이래서야 어떻게 백병전을 벌일 수가 있겠는가?

다카토라함대와의 해전은 이순신의 기동함대로서는 최초의 해전이었다. 소문으로만 들어온 공포의 왜적을 만나 그동안 개발해 온 모든 병기들과 새로운 해전법을 실험해 가면서 적의 의표를 완전히 찌른 한판 승부였다.

특히 새로 함재포로 개량한 구경 16cm의 천자포·현자포·황자포 등도 각각 제 목적에 맞는 위력을 유감없이 발휘하여 왜선을 격파하는 데 크게 공헌하였다. 이순신이 학익진을 편 것은 전함 양측에 있는 다수의 대포를 최대한 활용하기 위함이었다.

즉, 적선이 백병전을 노리고 어려진을 이루어 일직선으로 달려들 때 우리는 적선을 가로막는 정(丁)자를 형성하였고, 적선이 배의 머리에 있는 대포를 한 발 쏠 때 우리 군선은 측면의 대포 10문을 일시에 발사할 수 있어 화력 면에서 10대 1의 절대적 우위를 점할 수 있었다. 이것이 그 유명한 이순신 제독의 학익진이며, 정(丁)자 타법[4)]은 바로 학익진의 비밀이었다.

첫 전투에서 패할 수 없었던 다카토라도 전력을 다해 병사들을 격려하며 조선군함으로 기어오르도록 하였으나, 그때마다 발화탄을 맞게 되어 전투는 커녕 배 안의 불을 진화하는 데도 정신이 없을 지경이었다.

4) 이순신의 정(丁)자 타법은 300년이 지난 1905년 5월에 벌어진 남해해전에서 러시아의 발틱함대를 격파한 일본 연합함대 사령관 도쿄헤이 하치로(東鄕平八郞)에 의해 계승되었다. 조일 7년 전쟁에서 일방적으로 참패를 당한 당시 일본수군의 전략상 문제를 깊이 연구하던 그는 마침내 이순신의 학익진과 정(丁)자 타법을 알아내었고, 일본의 사활이 걸린 러시아의 발틱함대와의 결전에서 정자 포격법(일본에서는 T자 전법이라 함)을 사용하여 그의 조국을 위기에서 구해냈다. 이후 그는 이순신을 군신으로 모셨다고 한다.

이리하여 시간이 지날수록 일본 군함들은 그 기동력을 상실해 갔다. 이미 화염에 휩싸여 기동력을 상실한 일본 군선들은 차례로 격침되어 갔고, 아직 살아남은 왜적들도 이미 전의를 상실한 상태였다. 이때 조선함대의 조부장 이호(李浩)가 적선에 뛰어 올라 왜장의 목을 베었다.

그러나 배를 이탈하여 싸우는 백병전은 이순신의 새로운 전법에 어긋나는 것이었다. 백병전으로 적 한 명을 죽이는 것보다는 역시 대포 한 발로 수십 명의 적을 격살하는 편이 훨씬 나았고, 또 아군의 위험도 그만큼 덜 수 있는 것이다. 이후 이순신은 백병전을 엄격히 금하였다.[5)]

불필요한 함상 백병전을 피하고 정(丁)자 포격전만으로도 충분히 승리할 수 있다는 이순신의 놀라운 현대적 발상은 정확히 들어맞았다. 결국 전통적인 해전법으로 일관한 일본의 다카토라 함대는 비참한 최후를 맞이하였다.

장수로서 후퇴를 모르고 악착같이 덤벼들던 다카토라는 그의 전함이 불길에 휩싸이자 결국 물에 뛰어들 수 밖에 없었다. 이렇게 되고 보니, 백병전을 예상하여 무겁게 차려입은 갑옷과 긴 칼이 오히려 방해만 되었다. 간신히 거제도로 기어오른 다카토라는 며칠을 숨어 다니다가 뗏목을 타고 기적적으로 탈출하는 데 성공하였다.

조선과 일본해군 간에 있었던 첫 번째 공식 해전에서 이순신의 기동함대는 빛나는 완승을 거두었다.

전과: 일본 대전함 16척, 중군함 8척, 소선 2척 등 총 26척을 격파하고 수병 4,080명을 도살함.
아군피해: 전선피해 – 없음. 전사자 – 없음. 부상자 – 2명

이상의 전과에서도 알 수 있듯이 옥포해전은 이순신 기동함대의 완전한 승리였다.

5) 적의 목을 베는 것은 이렇게 베어진 목의 수가 곧 전과를 증명하는 증표로 사용되었기 때문이다. 이순신은 이 같은 기존의 전과 평가의 방식을 무시하고 오로지 승리만을 위한 선택을 하였는데, 이 때문에 향후 조정에서 전과를 논할 때 적의 목을 벤 수가 적음으로써 오해와 논란으로 불필요한 고초까지 겪게 된다. 당시 적의 목 1개가 쌀 두 섬에 거래되고 병역을 면제받을 수 있는 정도의 가치였다고 하니, 당연히 모든 병졸이 이에 집착하였음은 당연하다. 그럼에도 이순신은 끝까지 이를 허용하지 않았다. 한편전이라는 새로운 전술에서 이는 전력의 약화만 초래할 뿐이기 때문이다.

이 역사적인 옥포해전은, 그동안 산 속에서 숨어 지내던 수많은 옥포 주민들의 관전하에 벌어졌다. 느닷없이 밀어닥친 왜적들에게 쫓겨 산 속으로 도망가, 왜적들에게 자기 집이 약탈당하고 불질러지는 것을 무력하게 보고만 있어야 했던 백성들이었다.

그때, 혜성같이 나타난 이순신의 기동함대가 일본선단을 통쾌하게 괴멸시키고 승리를 거두자, 너무나 기쁜 나머지 주민들은 목이 터져라 만세를 부르며 환호하였다.

이로써 5월 4일 출항한 이순신의 기동함대는 5월 9일 개선할 때까지 옥포(玉浦), 합포(合浦), 적진포(赤津浦) 해전에서 일방적인 승리를 거두어 무적함대의 위상을 높이고 왜적을 공포의 도가니로 몰아넣었다.

이순신함대 제1차 출동 전과

조선: 전라좌수군 24척, 경상우수군 3척 등 총 27척
일본: 옥포 35척, 합포 5척, 적진포 13척 등 총 53척
격침당한 전선: 조선 – 없음 / 일본 – 총 42척
해전의 전사자: 조선 – 없음 / 일본 – 6,920명
해전 중 부상자: 조선 – 2명 / 일본 –?

해전의 전개과정을 분석해 보면

① 옥포해전, 적선 26척을 격침시킴
② 적선 5척을 발견, 추격하기 시작함
③ 적선 5척을 추격 끝에 격침시킴
④ 적선 13척을 발견, 그중 11척을 격침시키고 2척 놓침

이순신함대 적선 69척 격침-제2차 출동

이순신이 세계 해전 사상 초유의 기록을 세우고 전라좌수영으로 개선하고 보니, 서울에서 놀라운 소식이 와 있었다.

그사이 서울에서 선조가 백성들을 속여 안심시키고는 적이 서울로 쳐들어오자 저만 혼자 살겠다고 야반 도주해 버렸고, 이에 분개한 백성들이 경복궁과 창덕궁, 창경궁을 모두 불태워 버렸으며, 길가의 백성도 이 비겁하고 치사한 왕의 행렬에 돌을 던지며 저주하였다는 것이었다.

왜적들이 이미 서울을 유린했고, 임금은 평양으로 몽진했다는 소식은 이순신의 가슴을 끓어오르게 하였다. 그는 임금의 마음을 위로하기 위하여 제1차 기동 함대의 전적에 대하여 장계를 올려 승전을 아뢰었다.

이순신의 장계를 받은 철면피 같은 이연 왕은 그동안 연이은 조선 육군의 패전 소식만 접하다가 처음으로 이순신함대가 왜적 해군을 크게 격파하였다는 소식에 너무나 감격하여 이순신의 작위를 가선대부(嘉善大夫)로 올려 주었다.

5월 27일, 이순신은 원균으로부터 왜적 10척이 사천포와 곤양(昆陽)까지 쳐들어와서, 그가 잔존 함대 3척을 이끌고 경상도와 전라도의 경계인 노량까지 도망쳐 왔다는 공문을 받았다.

사천포라면 전라좌수영이 있는 여수에서 불과 50km밖에 떨어져 있지 않은 곳이었다. 이순신은 곧 이억기 전라우수사에게 늦더라도 뒤쫓아 와 지원하라 요청하고, 자신은 23척의 전선만을 거느리고 단독 출전에 나섰다.

이때 유진장(留鎭將)에 윤사공을 임명하고, 조방장 정걸(鄭傑)에게 후방의 지휘를 맡겼으며, 그 자신은 우후(虞侯: 부사령관) 이몽구(李夢龜)를 데리고 출전하였다.

5월 29일, 이순신 기동함대는 여수를 발진하여 적의 침입이 확인된 사천으로 향하였다. 함대가 하동을 지나자, 그곳에 숨어 있던 원균이 함대 3척을 이끌고 달려 나와 이순신함대에 합류하였다.

이순신 기동함대가 사천포구의 입구를 완전히 봉쇄하고 살펴보니, 왜적의 큰 전함들이 무려 12척이나 중무장한 상태로 정박해 있었다.

이순신은 밀물이 될 때까지 기다렸다가 드디어 공격을 개시하여 탈출구가 막혀 있는 적을 순식간에 괴멸시켜버렸다. 사천의 왜적들을 소탕한 함대는 6월 2일 오전 10시경, 드디어 찾고 있던 왜적의 대장선이 당포에 있음을 알고 즉각 포구 입구를 막고 공격 태세를 취하였다.

그러자 왜적들도 최신정예함 아타카(安宅)를 앞세우고 반격 태세를 갖추었다.

이때 당포항의 일본함대는 가메이 고레노리(龜井玆矩) 함대로서, 이순신함대와 회심의 일전을 벌여 볼 심산으로 아타카라는 최신 전함을 앞세우고 쳐나오고 있었다.

바야흐로 본격적인 해전이 벌어지게 되었다. 이런 전투야말로 진정 이순신이 기다리고 있던 것이다. 이순신의 기함은 곧 학익진을 펴라는 깃발을 올린 뒤, 전설과도 같은 거북선을 선봉에 내세우고 곧바로 진격해 들어갔다. 돌격대장 이언량(李彦良)은 다른 전선들을 따돌리고 맹렬히 앞으로 튀어나와 적의 기함을 노리고 달려들었다.[6)]

이언량이 거북선에서 바라보니, 적선 중 유난히 큰 배 위에 붉은휘장이 둘리고 사면에 황(黃)자가 크게 적힌 층루가 우뚝 서있었고, 붉은일산(日傘) 아래에는 왜장의 모습이 보였다.

그 자가 바로 가메이 고레노리였다. 거북선은 곧장 그

6) 이 책에서는 앞서 밝혔듯이 제1차 출동에서부터 거북선이 참전한 것으로 적고 있으나, 공식적으로는 이 사천해전이 거북선의 첫 전투로 기록된다.

배의 밑으로 치고 들어가 입 속의 현자포를 적장을 향하여 발사하였다. 거북선이 적 함대 사령관을 잡는 순간이었다.

현자포는 정확했다. 늠름하던 적장 고레노리는 대추장 히데요시에게서 받은 유구영주의 임명장이 적힌 금부채를 꽉 쥔 채 배 아래층으로 굴러 떨어지고 말았다.

거북선이 적의 기함을 공격하여 기능을 마비시키자, 부사령관 이몽구가 적선에 뛰어 올라 적장 가메이 고레노리의 목을 베고 손에 쥐고 있던 금부채를 빼앗아 왔다.[7)]

6월 4일 정오, 전라우수영의 이억기가 25척의 전함을 이끌고 합류하여 와, 이순신은 52척의 대연합함대를 이끌게 되었다.

① 5월 29일, 이순신함대 발진
② 사천해전. 5월 29일, 일본해군 전함 13척 격멸. 왜적 2,600명 도살
③ 당포해전. 왜전선 21척 격파, 적병 2,820명 도살, 적장 가메이를 격살
④ 6월 4일, 이억기함대 도착, 연합함대 구성
⑤ 진해해전. 6월 5일, 도망가는 적을 추격하여 적함 6척을 격침
⑥ 당항포해전. 일본해군의 기함을 비롯하여 26척을 침몰시키고 적장 구루시마 미치유키(來島道之) 등 2,700명을 전멸시킴
⑦ 율포해전. 적함 3척을 격파하고 3척을 나포함

이순신함대의 제2차 출동 전과

적함: 69척을 격침(3척은 나포)
적병: 10,120명 도살(적장 來島道之, 龜井玆矩 포함)

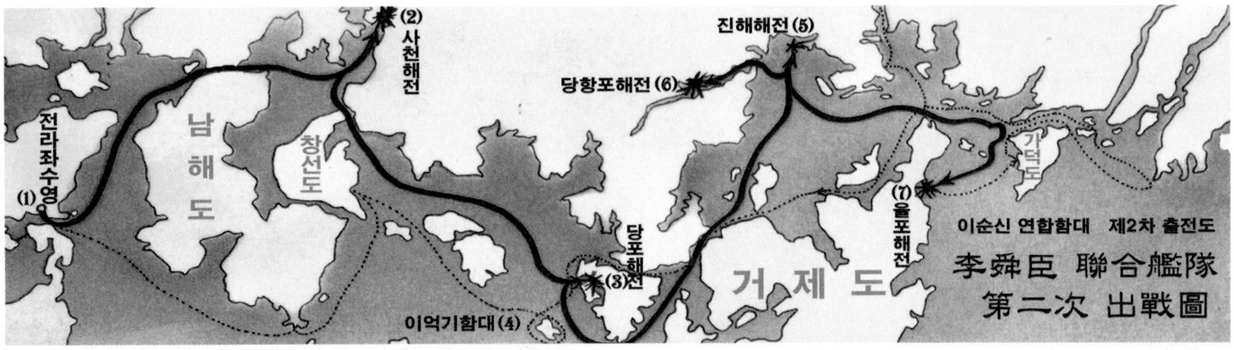

7) 이때의 금부채는 일본이 국권을 침탈하기 직전이 1909년까지 조선 왕실의 금고인 탁지부에 보관되었던 것으로 밝혀졌다.
또한 같은 해 이 부채를 발견한 세키노 다다시가 이를 일본으로 반출했으며 이때 탁지부에서 부채 외에도 많은 보물들을 빼돌린 것으로 추측되고 있다.
세키노 다다시는 탁지부건축소 고건출물 조사 촉탁으로 임명되어 1909년 9월 서울에 온 인물로 개봉이 금지된 탁지부를 불법으로 열었다.
이런 사실은 이순신 연구가이자 역사비평가인 박종평 씨에 의해 밝혀졌다.〈2013. 3. 30 경향신문〉

한산대첩(閑山大捷)

백성을 버리고 저 혼자만 살겠다고 도망가 버린 비겁한 왕 이연이 살던 궁터, 그러나 지금은 왕의 배신에 분노한 백성들에 의하여 불타 버린 폐허, 바로 그곳에 조선침략 왜군총사령부가 자리 잡고 있었다.

전혀 예상하지 못했던 이순신함대의 출현으로 왜군은 남해와 황해를 잇는 해상 수송로가 완전히 차단되어 이미 북상해 있던 육군은 큰 타격을 입게 되었다.

조선원정군의 원수(元帥) 우키다 히데이에(宇喜多秀家)는 조선원정군 대장들을 긴급 소집하여 대책회의를 열었다. 사안의 심각성에 비추어 이시다 미쓰나리, 요시카와 히로이에를 비롯하여 쟁쟁한 대장들이 모두 참석하여 대책회의를 거듭하였다.

우키다 히데이에는 약관 20세의 나이로 30만 조선원정군의 총사령관이 된 자로 15세 때 이미 히데요시 군단의 규슈 원정전에 참가한 이래 전쟁터에서 자라 온 젊은 무사였다. 17세 때 히데요시의 양녀 고히메(豪姬)와 결혼한

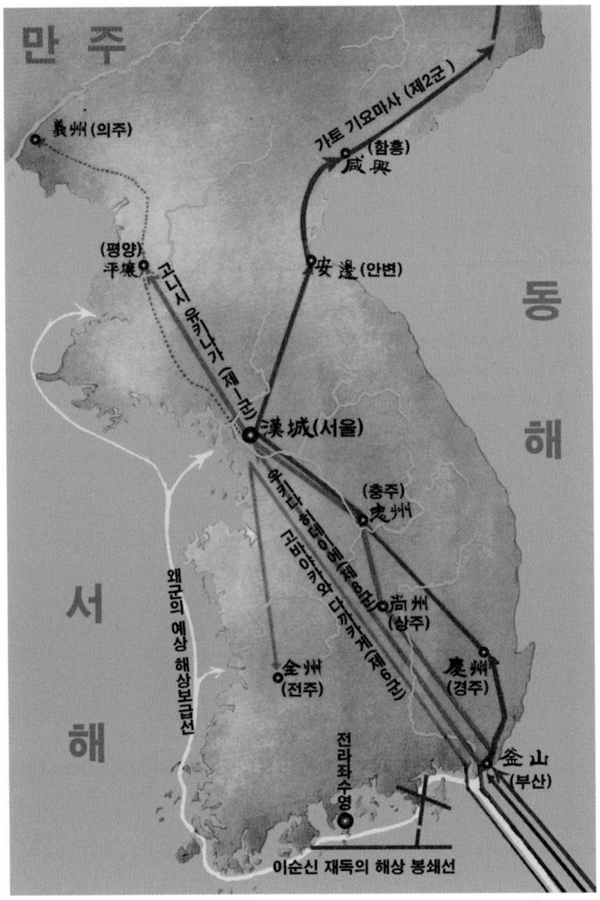

후 그 자신도 역시 히데요시의 양자가 되었다. 5월 8일, 고니시 유키나가와 가토 기요마사의 뒤를 이어 세 번째로 서울에 입성한 후, 그곳에 총사령부를 설치한 대단히 영특한 청년이다.

왜군에게 있어 이번 전쟁의 승패는 남해안의 해로(海路) 확보에 달려 있었다. 규슈(九州)의 군수품들을 부산으로 들여와 그곳에서 서울까지 운송하려면, 수많은 산과 계곡과 강을 건너야 했다.

그러나 지금 조선의 의병들이 각지에서 일어나 매복, 기습전을 펴고 있으므로 보급품 수송은 결정적인 위협에 직면해 있는 상태였다.

왜군이 아무리 용맹하다 하여도, 화약과 총알이 떨어지고 식량이 떨어져 기아에 허덕이게 되면, 전투를 계속할 수 없는 것이다. 따라서 이미 북상 중인 아군의 보급품 수송을 위해 남해를 돌아서 황해 그리고 한강의 마포를 잇는 해운선 확보 이외에는 다른 길이 없었다.

원래 왜군의 조선 침략작전은 대단히 치밀하게 계획되었었다. 왜군은 보급품을 최소화하여 육군으로 하여금 신속하게 한성(漢城)을 함락시켜 조선의 왕을 잡아 항복을 받은 뒤 조선왕자를 인질로 데려가고, 그다음 조선을 전진기지로 하여 명나라를 정복하겠다는 것이었다. 그동안 모든 군수품은 대량 수송이 가능한 선박을 이용하여 왜군의 최전선까지 직접 조달한다는 계획이었다.

그러나 그들의 작전은 처음부터 빗나가기 시작했다. 왜군을 두려워한 비겁한 조선 왕 이연이 뜻밖에도 백성과 궁궐을 버리고 저 혼자만 살겠다고 야반도주하는 바람에, 왕을 잡아 항복을 받아 내고 전쟁을 신속히 종결시키려던 계획에 차질이 생긴 것이다.

또 남해안을 돌아 수송하려던 계획도 생각지도 못한 이순신에게 그 해로가 철저히 봉쇄되어 물거품이 되고 말았다. 이미 북상 중인 왜군이 보급품을 현지 조달해야 하는 상황에 직면하여 더 이상 전쟁을 수행할 수도 없게 되었다.

이로써 왜군은 서울에 와 있는 해군대장들이 즉시 바다로 돌아가 연합함대를 구성하여 이순신함대를 격파하고 고바야카와 다카카게(小早川隆景) 장군은 육군을 몰아 전라도로 진격하여 조선 수군을 압박하는 새로운 작전을 세웠다.

이리하여 그동안 서울에서의 대결전을 예상하여 육전에 참가하고 있던 해군대장들은 모두 다시 바다로 돌아가, 일본의 운명을 걸고 이순신과 남해 해로 확보전에 나서야 했다. 이날의 작전 회의 결과는 다음과 같았다.

우키다 히데이에(宇喜多秀家)

1. 새로운 해군 지휘부를 웅포(熊浦·熊川)에 두고, 전일본 연합함대를 새로 편성한다.
2. 함대는 3군으로 나눈다. 제1군은 와키자카 야스하루(脇坂安治)[8]가 맡고, 전함 70척을 배정한다.
3. 연합함대 총사령관은 구키 요시타카(九鬼嘉隆)가 맡는다. 구키 사령관은 제2군을 이끈다. 일본 최대의 전함인 니혼마루(日本丸)를 기함으로 하고, 오타루, 나미키리, 야마시라즈 등의 전선을 지휘한다. 니혼마루(日本丸)는 히데요시가 조선에 올 때 타기 위하여 특별히 건조한 배이다. 전장이 70m, 노의 수가 120자루에 선상에는 천수(天守) 같은 큰 누각까지 갖춘 일본 최대의 기함이다.
4. 제3군은 가토 요시아키(加藤嘉明)가 맡는다.

이로써 왜의 연합함대는 전함 115척의 거대 진용(陣容)을 갖추게 되었다. 당시 남해 돌파 작전에 임하는 일본의 결의가 어느 정도였던가를 짐작케 한다. 이리하여 와키자카 야스하루, 구키 요시타카, 가토 요시아키 등은 그들의 육전대 1만을 이끌고 7월 7일, 서울을 출발하였다.

6월 14일 부산에 도착하여 해전용 전함 115척으로 연합함대를 편성하고, 부산 서쪽 30km 지점에 있는 웅포를 해군본영으로 삼아 남해안 돌파전 준비를 마쳤다.

제2군의 구키 요시타카는 일본해군 총사령관으로서, 전장 70m의 거함 니혼마루(日本丸)를 기함으로 하여 가토 요시아키의 제3군과 함께 총 42척의 전함을 거느리고 웅포에 머물렀다. 제1군의 와키자카 야스하루에게는 초대형 층루선 7척을 포함하여 70여 척을 주어 선봉에 서게 하였다.

서울의 우키다 히데이에 원수는 일본해군의 작전 개시와 동시에 60세의 노장 고바야카와 다카카게에게 군단 3만을 주어 전주성을 격파하고 전라도 수군 본영을 공격하여 이순신의 근거지를 없애라는 명령을 하달하였다.

이렇게 왜 육군이 돌연 전라도 진공작전을 개시하고 또 웅포에 대선단이 집결하자, 이들의 작전을 미리 간파한 이순신은 곧 이억기에게 통보하여 여수로 불러들여 제3차 연합함대의 출동을 계획하였다.

– 6월 23일 일본해군의 제1군 와키자카 야스하루 함대 70여 척은 웅포를 발진하여 견내량(見乃粱)을 통과하였다.
7월 4일 전라우수군 이억기함대 25척 여수에 도착
– 7월 6일 제3차 이순신 연합함대가 전라좌수영을 발진하였다. 도중에 원균함대 7척이 합류하여 조선해군의 연합함대는 새로 건조한 거북선 1척을 포함하여 총 56척(거북선 2척)의 규모가 되었다.
– 7월 7일 이순신은 적전 70여 척이 견내량에 있다는 정보를 입수했다.
– 7월 8일 이른 아침, 6척의 특공선단을 견내량에 투입하였다. 이때, 왜의 정탐선 2척을 발견하였다. 특공 선단이 왜선을 맹렬히 추격하자, 적선은 있는 힘을 다하여 그들의 본진이 있는 두호리 포구로 달아났다.

한편, 두호리 안에서 대기 중이던 야스하루는 드디어 기다리던 이순신함대가 출현했음을 발견하고 즉각 요격함대를 출동시켰다. 우선 특공함대를 격멸시켜 야스하루 함대의 매서운 맛을 보여 주고자 한 것이다.

8) 39세의 야스하루는 용인 전투에서 조선군을 격파하여 명성을 날린 인물이다.
그는 10대에 가문을 나와 무장으로 활약하여 20대 초반에 무공을 세워 150석 봉록을 받고 30이 되기 전에 3,000석 영지를 받고 31살에 30,000석 영주가 되는 등 무장으로서 입지전적인 인물이다.
그는 "이제 나는 그를 상대로 싸우기가 심히 두렵게 되었다. 이순신은 내가 가장 두려워하고, 미워하면서도 좋아하고, 흠모하면서도 죽이고 싶고, 함께 차를 나누고 싶은 사람이다."라는 글을 남겼다.

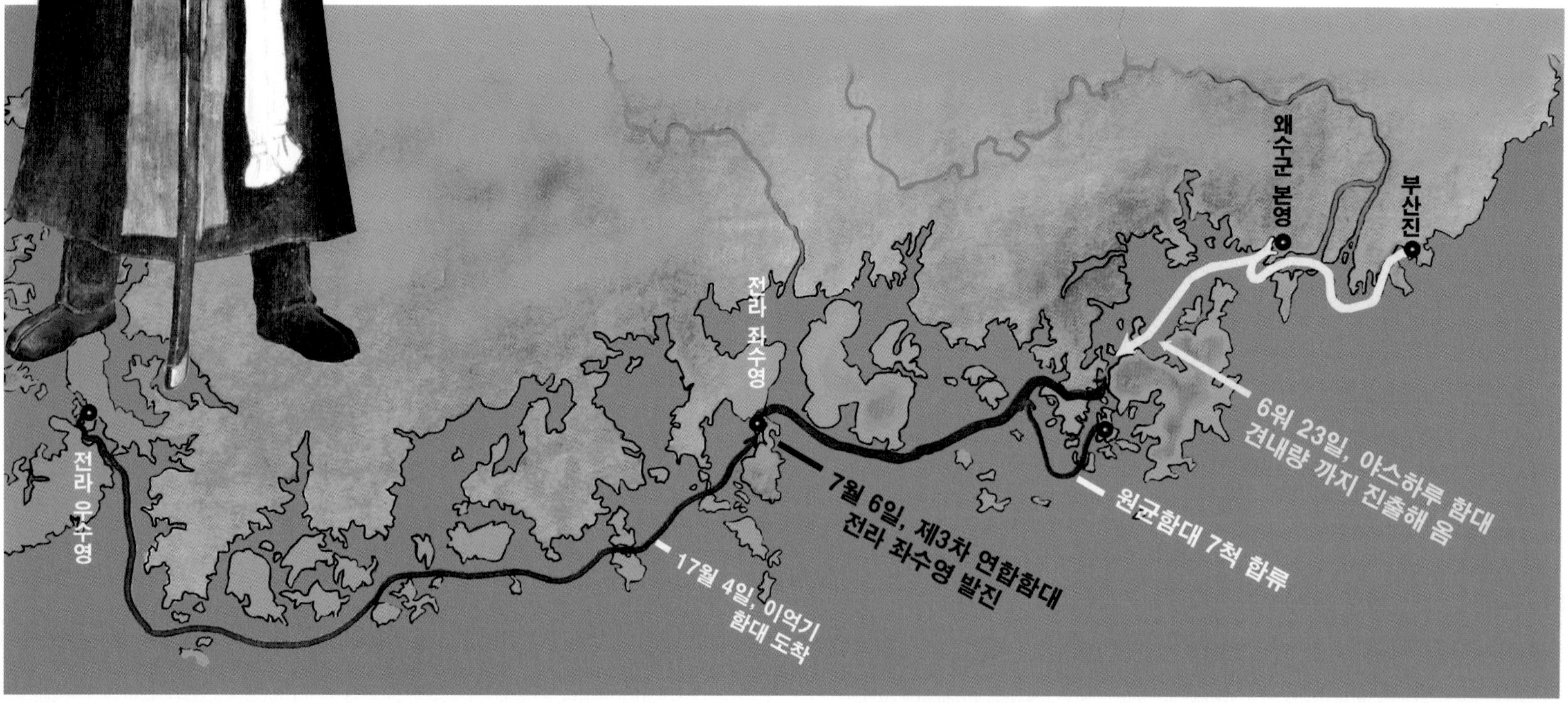

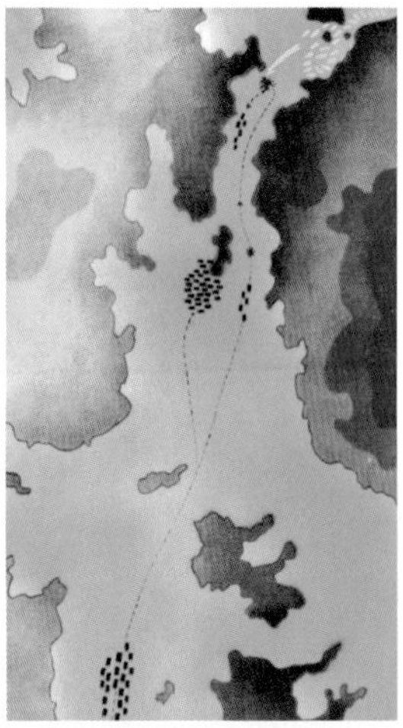

견내량은 통영반도와 거제도 사이에 있는, 남북 길이 약 3km, 너비 약 500m의 좁은 수로이다.

곧이어 야스하루의 기함이 기동하기 시작했고, 이에 겁을 먹은 듯 이순신의 특공선단은 슬금슬금 후퇴하기 시작하였다. 사기가 오른 왜 선단은 성급한 추격을 시작하였고, 특공선단은 이들을 유인하며 견내량의 좁은 수로를 통과하여 한산도 북쪽의 넓은 바다로 빠져나왔다.

70여 척의 야스하루 함대가 6척의 특공선단을 잡기 위해 맹렬히 뒤를 쫓으니, 마치 거대한 호랑이가 토끼를 잡으려는 모습과 흡사하였다.

아래 그림은 한산도 해전 당시 이순신장군이 폈던 학익진도(鶴翼陣圖)이다.

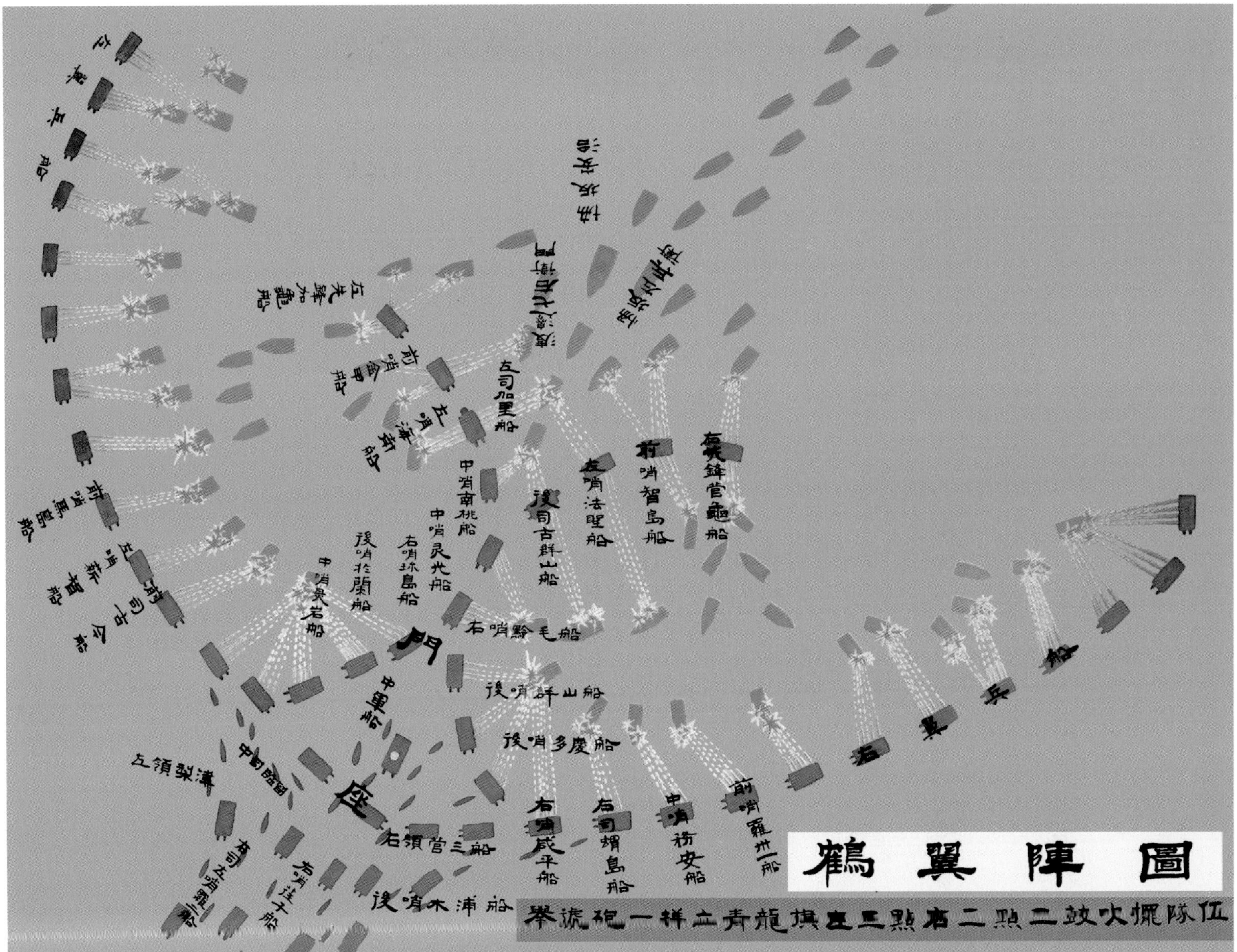

안골포(安骨浦) 해전

드디어 견내량을 빠져나온 이 미련한 호랑이 함대는 이순신이라는 포수가 쳐놓은 덫에 걸려들고 말았다. 보잘 것 없는 토끼를 쫓으며 의기양양하던 호랑이는 어느 틈에 그들을 에워싸고 있는 거대한 덫, 이순신함대를 발견하고 당황하기 시작하였다. 그 유명한 이순신의 학익진[9]이었다.

이순신함대의 책략에 빠져든 것을 안 야스하루는 곧 배를 돌리려 했으나, 밀려드는 그의 후속 함대 때문에 좁은 견내량을 다시 통과해 후퇴한다는 것은 불가능하였다.

정면충돌 외에는 별다른 방법이 없던 야스하루는 결국 총공격을 명하였다.

이에 대응하여 조선의 전함(판옥선)들은 측면으로 돌더니 왜선을 가로막고는 일제히 포문을 열기 시작했다.

한산도 해전에 관해 일본 측은 협판기(脇坂記)에 다음과 같이 기록하고 있다.

"우리(일본 측)는 조선의 배를 약 30리 정도 추격하였다. 조선 배들은 좁은 수로를 빠져나가 넓은 바다에 이르자, 갑자기 뱃머리를 돌려 우군(倭船)의 배를 포위하고 들락날락 거리면서 공격하였고, 그때마다 수많은 사상자가 발생하였다. 할 수 없이 좁은 수로로 다시 후퇴하고자 하였으나, 적선(이순신함대)들이 퇴로를 막고 커다란 불화살을 마구 쏘아 아군의 배는 화염에 휩싸이게 되었다.

이 때문에 야스하루(安治)의 가신(家臣) 아타나베(渡邊七石衛)와 와키자카(脇坂左兵衛)를 비롯하여 높은 사람들이 많이 전사하였다. 대장인 와키자카 야스하루는 노가 많은 배를 탄 덕분에 겨우 도망칠 수가 있었다. 그 역시 도망치는 도중에 조선군의 공격으로 갑옷에 화살을 맞아 위험했으나 구사일생으로 도망치는 데 성공하였다."

이순신의 연합함대는 이 한산도 해전을 통하여 야스하루 함대를 완전히 괴멸시켰다.

9) 학이 날개를 편 모양이라는 학익진(앞 쪽 참고)은 앞서 설명한 정(丁)자 타법이 함선 대 함선의 1:1 전투의 형태라면 이를 확장한 개념이다. 즉 함대 대 함대를 정자타법에서처럼 배열하는 것으로, 적은 좁은 전면을 통해 공격해 오고, 아군은 넓은 측면을 통해 압도적 화력을 확보하여 공격하는 형태이다. 활과 화포, 총 등의 원거리 타격력을 갖춘 상태에서만 사용할 수 있는 전법으로 거의 바싹 붙어 접전하는 당시의 전투방식과는 판이하게 달라 당시 참전했던 일본군 측의 지휘관들도 이를 이해하지 못해 제대로 된 대응을 할 수 없었다. 더구나 이 전법은 통신이 어려운 바다 위에서 다수의 전함에 의해 펼쳐지므로 일사분란한 지휘계통과 부단한 연습이 필요하다. 즉 안다고 해도 펼쳐 운용하는 것은 대단히 어려운 일인 것이다. 이순신만이 펼칠 수 있었던 이유이다.

이 해전의 전과를 보면 적의 주력 전함 35척을 포함하여 총 59척을 격침시켰으며, 겨우 살아남은 배는 야스하루의 배 1척과 소형 쾌속선 13척뿐이었다. 또 이 해전에 참전한 1만여 명의 왜병들 중 8,980명이 도살되었고, 400명이 한산도로 도망쳤다.[10] 그러나 그중 210명은 잡혀 죽고, 190명만이 뗏목으로 탈출하는 데 성공하였다.

완전한 승리를 장식한 이순신 연합함대는 7월 9일, 역풍이 불자 외즐포에서 하루를 쉬고 다음 날인 7월 10일 새벽, 왜 해군의 본영인 안골포(安骨浦)를 소탕하기 위하여 출발하였다.

약 21km를 항해한 함대는 오전 7시 경에 안골포의 입구를 철저히 봉쇄하였다. 이곳에는 일본해군 총사령관인 구키 요시타카(九鬼嘉隆)와 가토 요시아키(加藤嘉明)가 이끄는 연합함대의 주력이 정박해 있었다.

일본 최대의 거함인 니혼마루를 비롯하여 오타루마루(小樽丸), 나미키리마루(波切丸), 야마시라즈마루(山不知丸) 등 기라성 같은 전함들이 즐비한 안골포의 입구가 조선수군 이순신 연합함대에 의해 봉쇄당한 것이다.

그러나 안골포는 지형이 얕고 좁으며, 썰물 때에는 바닥이 노출되어 큰 군함(판옥선)은 마음대로 항내로 진입할 수가 없었다. 그리하여 이순신은 갖은 방법을 다 동원하여 그들을 유인해 보았다.

그러나 이미 야스하루 함대의 전멸을 경험한 구키 요시타카는 오히려 더욱 항내 깊숙이 숨어들어 좀처럼 싸움에 응하려 하지 않았다. 할 수 없이 밀물 때를 기다려 아주 좁은 공간에서 전투를 벌일 수밖에 없었다.

이순신은 제장들에게 명하여 전함들을 줄지어 투입하여 가장 가까이 접근한 전함이 천자(天字)·지자(地字)·현자총통(玄字銃筒) 및 각종 대포를 발사하고, 포탄이 다 떨어지면 즉시 빠져나와 다음 배가 공격하도록 하였다.

따라서 자연히 전투는 길어지게 되었고, 또 적의 기함 니혼마루를 지키려는 다른 왜함들의 결사적인 저항으로 수로가 막혀 좀처럼 가까이 접근할 수도 없었다.

이리하여 오전 7시부터 시작된 전투는 온종일 계속되었다. 그럼에도 저녁 8시경이 되자, 결국 대부분의 왜함들은 불에 타거나 격침되었다. 이순신은 적의 기함 니혼마루도 항해 불가능한 상태로 파괴되었다고 판단하여 일단 전투를 끝냈다.

그리고 항구의 입구를 봉쇄한 채 밤을 지샌 뒤, 다음 날 아침 다시 잔적을 마저 소탕하기로 하였다. 그러나 그날 밤, 온종일 계속된 전투로 피곤에 지친 몸을 견디지 못하고 파수병들이 깜빡 잠든 틈을 타고, 항해 불능으로 보였던 니혼마루가 구키 요시타카와 가토 요시아키를 태우고 몰래 도망치는 데 성공하였다.

11일 새벽이 되자, 이순신 연합함대는 다시 왜적 소탕전에 나서려 하였다. 그러나 이미 잔적들은 모두 도망쳐 버린 뒤였다. 이순신이 즉시 수색조를 편성하여 양산강과 김해강 일대를 샅샅이 뒤지게 하였으나, 흔적을 찾을 수 없었다.

이로써 운명을 걸고 결사적으로 남해의 해운로를 확보하려던 왜군의 작전은 완전히 실패로 돌아갔고, 과연 이순신의 예상대로 이미 북쪽으로 진출했던 왜병들은 군수품의 부족과 다가오는 겨울 추위로 후퇴하지 않을 수 없게 되었다.

이순신은 전 연합함대를 모아 북을 치고 나팔을 불며 일제히 함포를 발사하게 하여 함대의 엄청난 위력을 과시하였다. 이를 지켜본 왜병들은 이제 그들이 무사히 귀국할 수 있을까 하는 걱정까지 해야만 하였다. 대단히 효과적인 함대 시위였다.

10) 이때 와키자카 야스하루는 전장에서 탈출은 하였으나 조선함대의 추적을 피해 배를 버리고 어느 섬에 상륙하여 갇히게 되었다. 부상까지 입은 그는 사흘간 미역만 뜯어먹으며 연명했다고 하는데, 살아나간 후 평생을 이 날만 되면 미역을 먹으며 잊지 않으려 했다고 한다. 그 후손들 역시 그리하였다고 한다. 또 이순신 제독의 탄일에 제사를 올려왔는데 지금까지 무려 400여 년을 이어졌다. 근래에는 아예 현충사에 그 후손들이 와서 제사를 올리고 있다

李舜臣聯合艦隊 第四次出動 入穴擒虎

입혈금호(入穴擒虎)-제4차 출동

7월 13일, 제3차 출동에서 귀영한 이순신함대는 즉시 제4차 출동을 위해 폭약 등 군수품 조달에 돌입하였다. 전라우수사 이억기와는 뜻이 잘 맞아 앞으로의 전망에 대하여 깊이 의논할 수 있었다.

이때, 선조는 적이 평양으로 접근해 오자, 또다시 도망하여 이제는 아예 나라를 버리고 중국으로 넘어가려고까지 하였다. 이순신과 이억기 두 제독은 무슨 방법을 쓰든지 조선의 왕 이연이 저 혼자살겠다고 중국으로 도망가버리는 행위를 중단시킬 묘책을 찾아내기 위하여 지혜를 다 모으고 있었다.

이들은 무언가 획기적이고 경천동지(驚天動地)할 승리를 통하여 겁쟁이 왕의 사기를 올려주고 이 땅에 기어들어 온 왜적들을 소탕에 앞장서도록 하려는 것이다.

방향 잃은 백성들은 잘났건 못났건 국왕의 움직임을 주시할 것이기 때문이다. 고민에 고민을 거듭하던 두 제독은 적의 본거지로 단호하게 진입하여 직접 타격을 가하는 모험을 감행하기로 결정하였다.

이순신이 파견한 첩보대가 보고해 온 정보에 의하면 부산(釜山)은 적의 소굴로서 적어도 500여 척의 적선과 부산진에 왜병들이 약 7만 명 정도가 벌써 왜성을 쌓고, 그 안에 웅크리고 있다는 것이다.

그뿐만이 아니라 왜성 뒤 언덕 위에 무수히 많은 육상 포대를 설치해 놓아 조선 연합함대의 접근을 거의 불가능하게 만들어 놓았다는 것이다. 이는 마치 기름을 안고 불속으로 뛰어드는 것과 다름이 없어보였다. 그러나 지금 조선국왕이 겁을 먹고 중국으로 넘어가 버리면 이 나라는 임금을 잃게 되고, 적의 사기는 더욱 높아질 것이니, 죽음을 무릎 쓰고 부산진을 공격하여 적들로 하여금 조선 내에는 그들이 안전하게 피할 수 있는 곳이 없음을 깨닫게 해야 할 것이었다.

사실 조선 연합함대 전함 80여 척으로 왜의 전함 500척을 상대한다는 것은 무리였다. 게다가 적들이 육상 포대로 지원까지 하게 되면, 말 그대로 적을 섬멸하기는커녕 전멸당할 각오까지 해야 할 비장한 결심이 필요했다. 마침내 두 제독은 의기투합했다.

다만 부산진의 왜군실상을 병사들이 알게 되면, 오히려 역효과를 가져올 수도 있으니, 원균 수사에게도 부산진에 도착할 때까지는 비밀로 하기로 하였다.

임진년 8월 1일, 전라우수사 이억기는 전함 40척과 협선 52척을 이끌고 여수 앞바다에 도착했다.

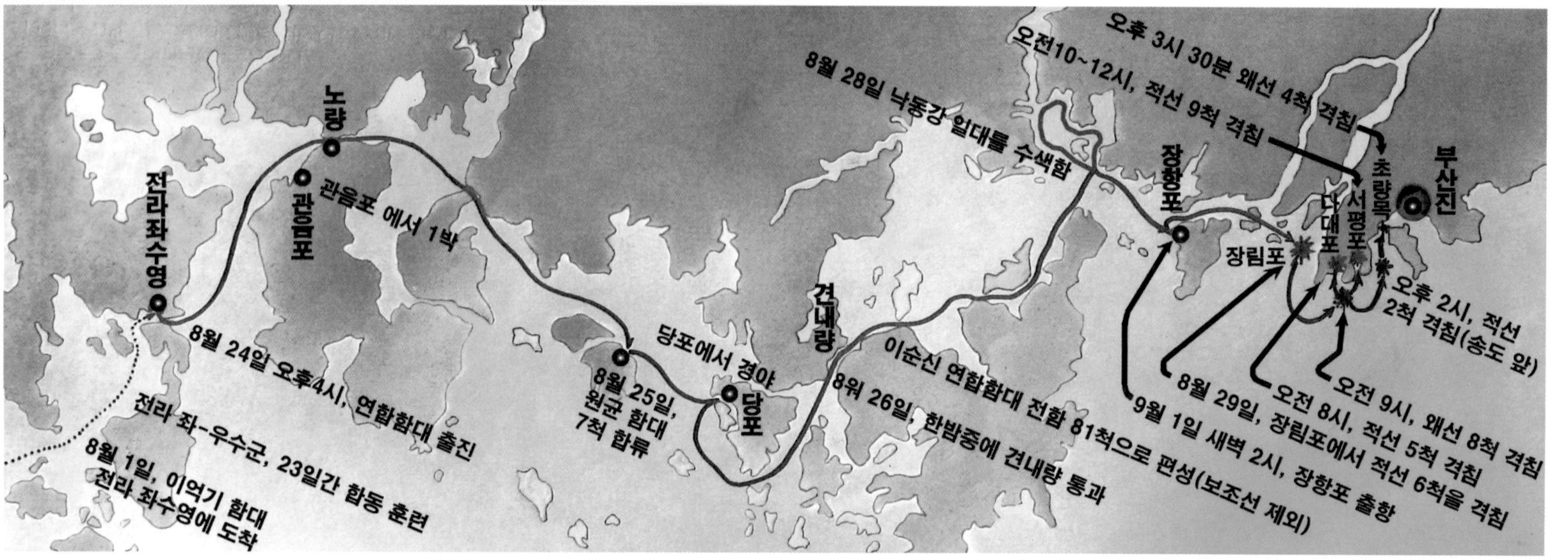

이리하여 이순신은 전라좌수영의 전함 34척과 협선 40척을 합쳐 전후 최대의 연합함대를 편성하고 23일간 합동 훈련을 실시하였다. 처음부터 부산침투를 염두에 둔 훈련이었으나 병사들은 그 의미를 몰랐다.

8월 24일, 그동안 호랑이 굴 속 진입을 위한 특공 훈련을 거듭해 온 이순신은 드디어 전라 좌·우수영의 연합함대를 이끌고 비장한 각오로 적의 소굴을 치기 위하여 출진하였다.

8월 1일: 이억기함대 여수항에 도착
8월24일: 오후 4시, 여수 출항
전라 좌·우수영군 23일간 합동 훈련 실시
8월25일: 원균함대 7척 합류, 당포에서 경야
8월26일: 한밤중에 견내량 통과, 이순신 연합함대 전함 81척〈보조선 제외〉
8월28일: 낙동강 일대를 수색
8월29일: 장림포에서 적선 6척을 격침
오전10~12시, 적선 9척을 격침(서평포)
오후 3시 30분, 요격선 4척을 격침(초량목)
9월 1일: 새벽 2시, 장항포 출항
오전 8시, 적전 5척을 격침
오전 9시, 적선 8척을 격침(다대포)
오후 2시, 적의 척후선 2척을 격침(송도 앞)

9월 1일: 오후 3시30분경, 초량목(草梁項)을 통과한 이

순신함대사령관은 멀리 부산진에 무려 470척의 일본 대함대가 밀집하여 있음을 발견하였다.

조선에 침입한 일본함선이 총집결해 있었던 것이다. 이순신의 연합함대가 81척으로 구성되어 있었으므로 적의 규모는 6배에 달하였다. 그야말로 달걀로 바위를 치는 격이었다.

만약 이대로 물러서면 적은 사기충천하여 추격해 올 것이고, 그리되면 천하의 이순신이라 하여도 6대 1의 해전에서 승리할 가능성은 희박해질 수밖에 없었다.

그런데 적선들은 공포의 이순신함대가 내림하세 돌신해오자 겁에 질려 노려보고만 있을 뿐 감히 움직이지 못

하고 있었다. 병법에 '공격이 최선의 방어'라 했다. 이순신은 항상 작전회의를 개최하고 의기소침해 있는 군관들을 격려하면서 자신의 결심을 확실히 밝히곤 하였다.

"나는 적을 만나면 적과 함께 살기를 원하지 않는다."

의지를 보인 이순신이 선봉이 되어 비장한 각오로 돌격해 들어가니 이억기함대도 그의 뒤를 따랐고 이렇게 되자 원균도 그의 함대 7척을 이끌고 엉거주춤 뒤를 따를 수밖에 없었다.

부산진 깊숙이 정박하고 있던 470여 척의 일본함대 중에는 이미 이순신함대에게 괴멸당한 후 기적적으로 살아난 와키자카 야스하루(脇坂安治), 가토 요시아키(加藤嘉明), 구키 요시타카(九鬼嘉隆) 등도 있었다.

이미 이순신의 신화는 왜군들 사이에 널리 퍼져 있었다. 그러나 문제는 470여 척의 왜선들을 에워싸고 있는 왜성과 고지 위의 포대 진지였다. 조선의 육군으로부터 탈취한 것으로 보이는 국산 대포로 무장한 채 왜선들을 엄호하며 조선함대가 그들의 사정권 안으로 들어오기만을 기다리고 있었던 것이다.

오후 4시경, 그동안 조심스럽게 접근해 가던 이순신함대는 이제 육상포의 사정권 내로 진입하지 않을 수 없게 되었다.

과연 예상했던 대로 육상포대의 대포들이 일제히 불을 뿜어 대기 시작했다. 그런데 그 포수들은 바로 왜병들에게 포로가 된 조선인들이었다. 아직 조선식 대포를 다룰 줄 몰랐던 왜병들의 입장에서 보면, 이 길만이 이순신함대의 접근을 막을 수 있는 유일한 길이었다.

처음에는 여기저기 어지러이 포탄이 떨어지기만 했지 좀처럼 우리 함대에 명중시키지는 못했다. 아마도 조선인 포수들이 고의로 조준을 피했을 것이었다.

그러나 곧 이를 눈치 챈 왜병들이 조선인 포수들을 잔

혹하게 다루기 시작했다. 이어 육상에서 모과(木瓜)만한 수마석괴(水磨石塊: 돌을 둥글게 깎아 만든 포탄)들이 무수히 날아와 우리 함선에 명중되기 시작했다.

결국 조선의 대포에 의해 조선인이 희생당하고 있는 것이었다. 이순신은 가슴이 찢어질 듯 아팠다.

"물러서지 말고 돌진하라! 지상포를 두려워 말라! 눈앞의 적선을 격멸하는 데 정신을 집중하라! 우리가 적선에 바짝 접근하면 적들도 포를 쏠 수 없게 된다!"

이미 죽음을 각오하고 적진 속으로 뛰어든 이순신과 그의 24척의 특공 함대는 결사적으로 포를 발사하며 적선들을 파괴하여 갔다. 7만의 왜병들은 그들의 조총 사정권 밖에서 벌어지고 있는 해전을 속수무책으로 바라만 보고 있을 수밖에 없었다.

한편, 이억기 함대도 이 결사전에 뛰어들어 미친 듯이 적선을 향해 포를 발사하였다. 오후 4시부터 시작된 결사전은 약 3시간 동안 계속되었다.

오후 7시경, 부산 앞바다는 온통 불타는 왜선으로 뒤덮여 지척을 분간할 수 없을 지경이 되었다. 기동함대의 대포들은 포열(砲熱)로 인하여 더 이상 포격이 불가능하게 되었고, 포탄도 거의 다 떨어져 그야말로 유감없는 일전을 벌인 뒤 퇴각하게 되었다.

연합함대의 기함인 이순신의 중군선으로부터 주목을 요하는 나팔이 울리고, 공격중지와 퇴각을 명하는 깃발이 올랐다. 미친 듯이 울려대던 포성이 일시에 멈추고, 연합함대는 질서 정연하게 아비규환으로 변해 버린 전장을 서서히 빠져 나왔다.

불과 3시간에 걸친 이 결사 해전으로 일본은 군함 100여 척과 적어도 3,800명의 수군을 잃었다.

그러나 이순신의 함대도 녹도만호 정운을 비롯하여 총 6명의 전사자를 내었고 부상자도 25명이나 되었다. 그나마 다행스러운 것은 단 한 척의 전선도 잃지 않았다는 것이었다. 그러나 앞으로 왜군들이 육상포대를 더욱 보강할 경우 부산진 돌입작전은 더욱 어렵게 될 것이다.

이로써 조선해군은 이순신의 눈부신 활약에 힘입어 남해안의 제해권을 완전히 장악하였다.

임진년 5월 4일, 제1차 기동함대를 이끌고 출전한 이래 총 4차에 걸쳐 17회의 크고 작은 해전을 전개하였다. 그동안 격침시키거나 나포한 적함이 무려 207척에 달했고 수리 불가능하게 대파시킨 적선 수는 152척에 이르며, 또 왜병을 무려 3만 3,780명이나 격살하였다.

이에 비하여 이순신함대는 단 한 척의 전선손실도 없었고, 인명손실은 전상·전사자를 합하여 모두 243명에 그쳤다. 인류의 역사가 시작된 이래 수많은 해전이 세계 도

처에서 벌어져 왔지만 이와 같은 해전은 일찍이 없었다.

격침:
일본함대 359척, 이순신함대 0척

사상자:
일본함대 3만 3,780명, 이순신함대 243명

실로 엄청난 결과라고 할 수 있다.

인류의 역사가 계속되는 한, 조선해군의 대제독 이순신의 이 불멸의 기록은 영원히 세계해전사의 신화로 남을 것이다.

朝鮮海軍三軍統制使

조선해군 삼군통제사

삼군통제사(三軍統制使) 이순신

정유재란(丁酉再亂)

원균과 조선해군의 최후

삼군통제사(三軍統制使) 이순신

이순신함대의 빛나는 승리는 상대적으로 일본군의 수륙연합작전에 치명적인 타격을 가하였다. 4월 14일 새벽에 부산에 상륙 후 불과 20일 만인 5월 3일, 파죽지세로 서울을 점령한 왜군은 서울함락 3일 전에 도망친 조선 왕을 쫓지 않고 무려 16일 동안이나 서울에 머무르며 추가 보급품과 후속 일본군의 도착을 기다리고 있었다.

조선의 수군 따위는 안중에도 없던 일본군은 오히려 육군이 고전할 것으로 판단하여 모든 지원을 육군에 집중하였다. 일본군은 가벼운 장비와 최소한의 소모품만을 지참한 채 속전속결로 서울을 점령하고 조선의 임금을 사로잡는 작전을 세우고 있었던 것이다.

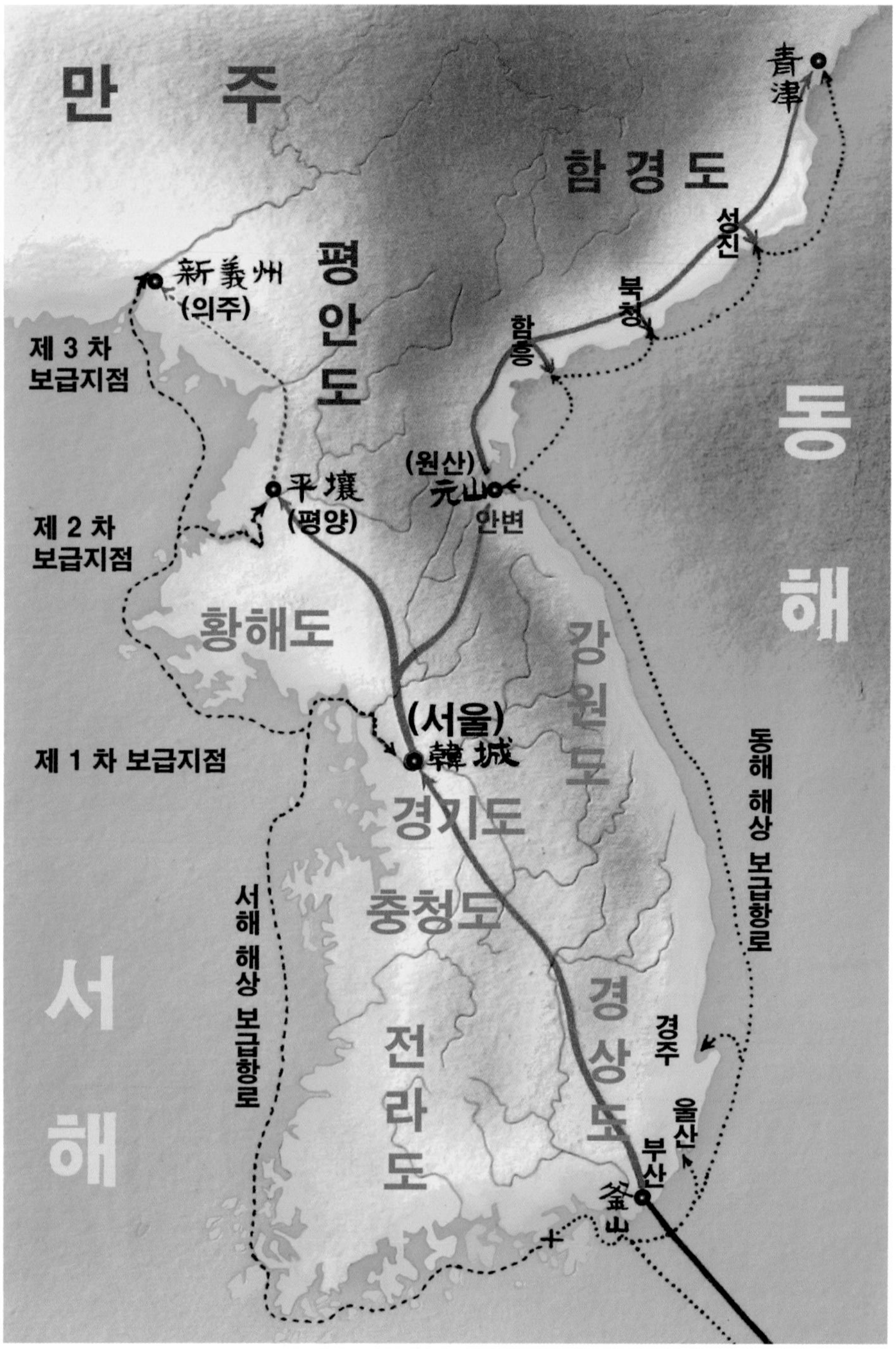

그리고 서울 점령 때 쯤에는 보급품을 실은 함선이 서해를 타고 한강을 거슬러 올라올 것이므로 여기에서 재보급을 받고 평양으로 진격할 예정이었다.

따라서 이들이 서울을 점령했을 때는 식량과 화약, 탄약 등의 보급품이 바닥난 상태에 있었다. 그러므로 더 진격하지 않고 도성에 머무르며 보급품을 기다리고 있었는데 일본 수군이 이순신에게 발목을 잡히게 된 것이다.

한강에 도착하게 되어 있던 일본의 보급선단과 호위함대들이, 조선해군의 최강 정예함대라 예상한 경상우수군을 일거에 격멸하고 느긋하게 한려수도를 돌아 육군이 서울을 점령할 시간에 맞춰 항해 속도를 조절하고 있을 때 느닷없이 나타난 이순신함대에게 일격을 당했으니, 5월 7일에 있었던 옥포해전이 바로 그것이었다.

이 해전을 통하여 일본군 4천 명과 2천 톤이 넘는 수송물자가 모두 물속에 수장되고 말았다. 이 놀라운 소식은 곧 서울로 전해졌고, 일주일 후인 5월 15일에는 서울에서 보급선의 도착을 애타게 기다리고 있던 왜장 고니시 유키나가에게도 전달되었다.

예상하지 못한 보급선단의 괴멸로 더 이상 기다려봐야 소용이 없다는 것이 확실해진 이상 무작정 서울에만 있을 수도 없게 되었다. 할 수 없이 부족한 보급품을 아껴 쓰면서 마지못해 서울을 출발하여, 도망간 조선 왕을 쫓아 평양으로 진격해 갔다.

평양성을 깨뜨리려면 최소한 한 달은 걸릴 것으로 예상한 고니시는 그래도 한 달 후쯤이면, 초전의 실패를 극복하고 일본수군이 조선해군을 격멸하고 대동강에 나타날 것으로 기대하며 작전에 임하고 있었다.

그런데 뜻밖에도 조선의 왕과 신하들이 모두 또다시 성을 버리고 도망쳐 평양성에는 무혈 입성하는 행운을 얻었다. 행운은 그것뿐만이 아니었다. 바보 같은 조선군들이 평양성을 버리고 도망치면서 무려 10만 석이 넘는 군량미를 고스란히 남겨놓고 가 일본군을 궁지에서 구해주었던 것이다.

이로써 식량문제는 해결되었고, 조선 왕은 불과 3일 거리인 의주에 있다는 정보도 이미 입수하였다. 그런데 문제는 탄약 부족이었다.

만약 그들의 속사정이 조선군에게 알려지게 된다면, 그들은 모두 평양성의 귀신이 되고 말 것이다. 모두가 애타는 마음으로 보급 선단의 도착만을 기다리고 있을 수밖에 없었다.

그러나 고니시 유키나가가 그렇게도 애타게 기다리고 있던 72척의 일본 대선단이 또다시 이순신 제독에게 걸려 남해안도 통과하지 못하고 당포 등지에서 모조리 괴멸되고 말았다.

이로써 유키나가는 평양에서 오도가도 못하는 가련한 신세가 되었고 불과 3일 거리에 있는 조선 왕을 두고도 어쩔 수 없이 바다로 연결된 대동강만 바라보고 있어야 했다. 하루하루 불안하게 대동강만 쳐다보며 보급선단의 도착을 기다리고 있는 유키나가에게 더욱 암울한 소식이 전해졌다.

조선해군 제독 이순신을 잡기 위해 무려 6만의 전투 병력과 대함대가 투입되었는데 불과 이틀 만에 한산도, 안골포 해전에서 모두 이순신에 의해 물귀신이 되었다는 것이었다. 유키나가에게는 청천벽력같은 소식이었다.

평양 주군군은 탄약과 화약의 부족으로 실제 싸울 수 있는 상태가 아니었고 그저 빈총을 들고 성곽을 지키며 허세를 부리고 있는 중이었다. 더구나 조선이 남기고 간 군량미 10만 석도 빠른 속도로 소모되고 있었다.

그런데 함경도 방면으로 진격한 가토 기요마사 군은 말 그대로 파죽지세로 돌진에 돌진을 거듭하고 있었다. 전라좌수군 이순신함대에게 서해 보급로가 봉쇄당한데 반해, 동해쪽은 경상좌·우수군이 모두 초전에 무너져 버려 무방비 상태였던 까닭에 보급에 큰 문제가 없었던 것이다.

가토 기요마사군은 그들의 전진속도에 맞추어 보급선단이 필요한 모든 장비와 식량을 동해를 통해 보급해

주었으므로 처음의 작전대로 순조롭게 진격할 수가 있었다.

조선은 산악지대가 많아 길이 좁고 험하며, 수많은 강과 하천을 건너야 했다. 또 도처에서 조선의 의병들이 끊임없이 왜군의 수송품을 탈취해 감으로써 바다를 통한 보급망이 전쟁의 승패를 좌우하게 되었던 것이다.

가토 기요마사는 7월에 벌써 회령(會寧)까지 진격하여 그곳에 도망쳐 와 있던 조선의 두 왕자, 임해군(臨海君)과 순화군(順和君)을 잡는 쾌거를 이루었다. 순조로운 보급이 작전의 승패를 가르는 핵심이었음을 극명하게 보여 준 것이다.

전쟁은 소강상태로 빠져들며 임진년이 흘러가고, 어느덧 1593년 새해가 밝았다. 그러나 일본의 평양 방면 사령관인 고니시 유키나가(小西行長)의 심정은 실로 참담하기만 하였다. 그동안 조선군이 남기고 간 군량미로 그의 군대가 겨우 연명은 해 왔으나 이제는 그나마도 바닥이 나버렸고, 총탄과 화약도 겨우 비상용만 남아 있었다.

이런 때 만약 조선의 의병들이 싸움이라도 걸어오게 되면 그들의 속사정이 금방 들통 나 버리고 말 것이다. 더구나 명군(明軍)들이 이 전쟁에 개입할지도 모른다는 정보가 있어서 하루하루가 마치 바늘 방석에 앉아 있는 것처럼 불안하고 초조하기 짝이 없었다.

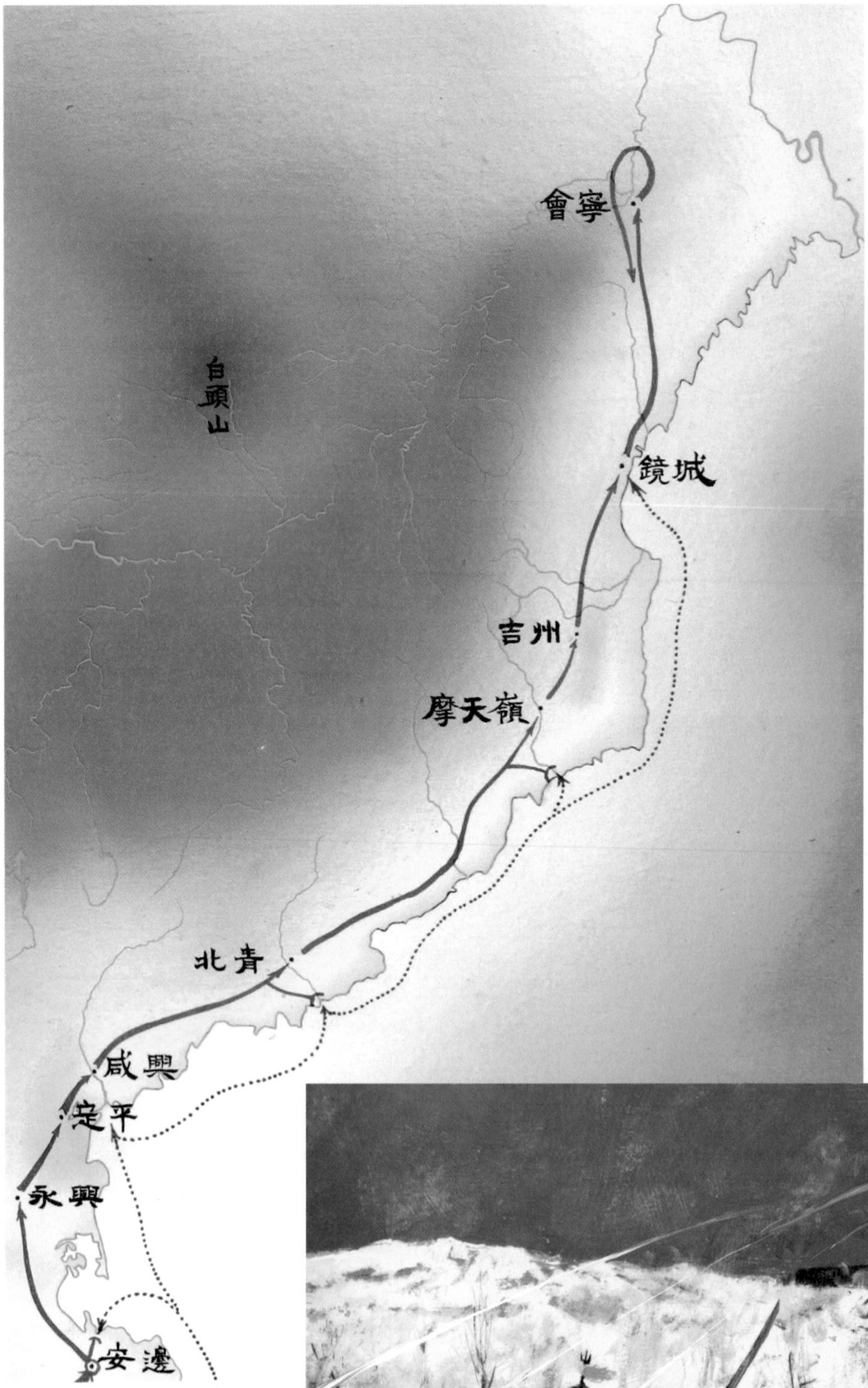

바다로부터의 보급을 원활히 받으며 파죽지세로 두만강의 회령까지 도달한 가토 기요마사(加藤淸正) 군단과 비교해 보면 이순신함대에 가로막혀 보급품을 전혀 받지 못해 고전한 고니시 군단의 상황을 이해할 수 있다.

일본의 따뜻한 날씨에만 익숙해 있던 일본 병사들은 평안도의 매서운 추위에 몹시 시달려야 했다. 기다리는 보급선단은 부산진 깊숙이 숨어 있다가 이순신이라는 괴물 함대에 의해 쑥밭이 되었다는 소식이 전해졌다.

일본으로 돌아갈 수 있는 유일한 출항기지인 부산진이 이 지경이 되었으니, 이젠 일본으로 영원히 못 돌아갈지도 모르게 되었다. 그동안 부상자들은 치료도 제대로 못 받아 상처는 곪아 터졌고, 동계 장비가 없어 여름 복장을 한 채 추위에 떨어야 했다. 게다가 이제는 식량마저 떨어졌으니 그야말로 생지옥이 따로 없었다.

아무리 생각해 봐도 묘안이 떠오르지 않았다. 한성의 사령부도 속수무책으로 모든 것을 현지 사령관의 재량에 맡긴 상태였다. 따라서 떼죽음당하지 않기 위해서는 기력이 조금이라도 남아 있는 지금이라도 한성으로 후퇴하는 편이 나을 듯싶었다.

그러나 한성의 사령부는 모든 것을 재량에 맡기면서도 결코 후퇴만은 허용하지 않고 있었다. 만약 후퇴라도 하게 되면, 후일 홀로 모든 책임을 뒤집어쓸 위험 부담이 있어서 좀처럼 결단을 내릴 수가 없었다.

생사를 건 후퇴

철군의 명분을 찾고 있던 고니시 유키나가가 평양성의 잔병 수를 점검해 보니, 그동안의 희생으로 겨우 8천여만이 살아남아 있었다.

이때, 김명원(金命元), 이일(李溢), 이원익(李元翼) 등의 장수들이 정규군 8천 명과 의병 3천 명 등 총 11,000명으로 평양성 탈환작전을 개시하였다. 이에 더하여 왜군의 위협으로부터 자국의 방위를 위하여 출병한 명군(明軍) 5만 명도 이여송(李如松)을 대장으로 도착해 있었다.

1월 7일, 조·명(朝·明) 연합군은 평양성의 칠성문(七星門)·보통문(普通門)·함구문(含毬門) 등으로 총공격을 감행하였다. 이미 이순신의 남해안 봉쇄로 인하여 총탄이 바닥난 왜병들은 전투다운 전투 한 번 제대로 못 해보고 날이 어두워지만 기다렸다. 어차피 철군의 명분을 찾고 있던 유키나가에게는 더 없이 좋은 기회였다.[1]

하루 종일 불을 뿜던 조·명연합군의 포격이 멈추고 내일의 평양 입성 돌격전을 위해 일찍 휴식에 들어간 그날 밤, 유키나가는 은밀히 포위되지 않은 대동문을 통하여 평양성 철수작전에 돌입하였다.

1) 따라서 명군의 참전으로 왜군이 철수했다는 것은 엄청난 과장인 것이다. 당시의 명군은 거지 군대로서 자신들의 식량마저 조선군에게 얻어먹으며 전투를 했으니 이게 어디 동맹국을 지원하러 온 군대인가! 또 그들의 전투력이라는 것도 도망가던 왜군이 벽제에 이르러 반격해 오자 그만 혼비백산하여 개성까지 도망쳐 버린 오합지졸들이었던 것이다. 그동안 군작전에 무지하고 사대사상에 젖어 있던 학자들이 명국의 공을 과대평가하였던 것이다.

부상자와 병자는 그냥 내버려 두고 힘이 남아 있는 자들만 대동문을 통해 얼어붙은 대동강을 건너 남쪽으로 향했다. 날이 새기 전에 가능한 한 멀리 달아나 조선군의 추격권으로부터 벗어나야 한다. 고니시 유키나가의 명령은 비참했고 그 자신은 울고 있었다.

유키나가는 아직 건강한 병사들을 선발하여 그 자신이 직접 지휘하여 제일 후발대를 맡았다. 그나마 장수로서의 책임을 다하고자 한 것이다. 반드시 있을 것으로 예상되는 조선군의 추격으로부터 부하들을 보호하겠다는 배려였다.

진격해 올 때의 그 위풍당당하던 모습은 다 어디로 가고 지금은 쫄쫄 굶주린 거지 군대가 되어 처참한 몰골로 도망가는 부하들을 바라보며, 유키나가는 이 모두가 일본의 보급선단을 괴멸시킨 이순신 때문이라고 생각하고는 분노에 치를 떨었다.

이때 평양작전에 종군했던 왜병 요시노 진고자에몬(吉野甚五衛門)은 후에 그의 일기를 통하여 다음과 같은 기록을 남겼다.

"이날 밤은 북풍이 몹시 불었다. 추위는 살을 에이는 듯하였고, 인간의 지각을 모두 앗아가는 듯하였다. 동상에 걸린 병사들은 지팡이 대신 활을 잡지도 못할 정도였고, 막대기가 다 된 다리를 그저 몽유병자처럼 질질 끌고 갈 뿐이었다. 그렇게라도 하지 않으면 동사(凍死)나 아사(餓死)라는 죽음만이 길가에서 커다란 아가리를 벌리고 기다리고 있었기 때문이었다…."

1월 21일, 패장 고니시 유키나가는 간신히 한성에 도착하였다. 철군 도중 1,400명이 죽고, 살아남은 자는 6,600명에 불과하였다. 그는 차마 한성으로 들어가지 못하고 성 밖의 용산(龍山)에 진을 쳤다.

그러나 유키나가의 고민은 여기서 끝나지 않았다. 한성까지만 오면 식량문제를 해결할 수 잇을 것이라 생각했지만 사정은 한성사령부도 마찬가지여서 성내의 쥐를 잡아먹고 있는 실정이었다.

이순신함대의 해상 봉쇄는 이렇게 왜군에게 치명적인 타격을 입혔던 것이다.

이순신 제독의 해상봉쇄로 보급선이 끊긴 까닭에 이미 북상해 있던 왜군들은 모두 서울로 집결해야만 하였다. 물론 고니시 유키나가를 비롯하여 가토 기요마사 부대도 이미 서울에 집결해 있었다. 이리하여 서울에만 무려 10만이 넘는 왜병들이 들끓어 가뜩이나 부족한 식량난을 더욱 부채질 하였다.

할 수 없이 사령관 우키다 히데이에와 17명의 왜장들은 연서를 통해 히데요시에게 그들의 극심한 식량난을 알리고 더 이상 전투행위가 불가능하니 최소한 부산 지구까지만이라도 철수할 수 있도록 허락해 달라고 하였다. 별다른 묘책이 있을 리 없었던 히데요시도 결국 철병을 허락할 수밖에 없었다.

4월 18일, 서울을 점령했던 왜병들은 더 이상 굶주림을 견디지 못하고 스스로 서울을 떠나 처량한 후퇴 행진을 개시하였다. 이미 기진맥진한 왜병들은 부산까지의 긴 행군 도중 그들을 사냥하려는 조선의병들의 습격을 염려하여 조선과 동맹관계에 있는 명군에게 매달려 회군 시 그들의 안전을 미리 보장받고 있었다. 또, 함경도까지 쫓아가서 사로잡은 조선의 두 왕자를 인질로 하여 조선군의 추격을 막았다.

남해안 봉쇄를 통해 일본 상륙군의 보급망을 완전히 차단하여 그들을 굶주림 속에 몰아넣고, 급기야는 그들이 그렇게도 점령을 소원했던 서울마저도 스스로 포기하고 떠나게 만든 이순신의 활약은 실로 영웅적인 것이었다.

저 혼자만 살겠다고 도망쳐 버린 비겁한 왕 이연의 눈에도 이순신은 확실히 구국의 영웅이었다. 이제 이순신을 빼놓고는 조선수군을 생각할 수 없게 되었다.

마침내 이순신은 조선 최초로 3도 수군통제사[2]로 임명되었고, 조선수군의 본영은 한산도에 설치되었다. 대제독 이순신은 즉각 군함 배조(倍造) 계획에 착수하였다. 전함 250척을 보유하는 것이 그의 목표였다. 만약 그의 계획이 성공리에 달성된다면, 비로소 부산과 대마도 간의 해상로마저 완전 봉쇄하여 조선에 이미 상륙해 있는 왜병들을 독안에 든 쥐로 만든 뒤 모조리 일망타진 할수 있게 될 것이었다.

그러나 250척의 군함에 따르는 각종 군기와 식량 확보 및 신병 모집 등 모두를 통제사 스스로가 해결해야만 하였다. 당시의 조선은 이순신의 수군을 도와주기는 커녕 군량미로 지어 놓은 농산물을 공출해 갈 정도로 부패하였고, 벼슬만 올려놓고는 엄청난 책임과 의무만 지우고 있었다.

2) 3도(三道)란 경상좌·우수군(慶尚左右水軍), 전라 좌·우수군(全羅左右水軍), 충청도수군(忠清道水軍)을 총망라 한다.

한편 일본 침략군의 입장에서는 이순신이 있는 한 남해안의 봉쇄망을 뚫는다는 것은 꿈같은 이야기에 지나지 않았다. 따라서 육군의 작전도 실행에 옮길 수 없었다. 그런데 그렇게도 무서운 이순신이 조선의 3도수군통제사가 되었으니, 이 상황에서는 더 이상 조선정복은 꿈도 꿀 수가 없게 되었다.

할 수 없이 부산으로 몰려든 왜군들은 서서히 본국으로 철수해 갔고, 그 자리에는 정치꾼들이 들어서서 쓸데없는 말장난으로 세월만 낚고 있었다. 그러나 그러한 정치꾼들의 작태마저도 이순신 제독에게는 큰 도움이 되고 있었다. 우선 수적으로 절대 열세에 있는 조선해군을 다시 증강시킬 수 있는 시간적 여유가 생긴 것이다.

정유재란(丁酉再亂)

전쟁 발발 4년째로 접어든 1597년 1월 초, 왜국의 대추장 히데요시는 더 이상 정치꾼들의 말장난에 휘말리기를 거부하고, 지난번에 실패한 조선정벌을 기어코 성공시키기 위하여 제2차 조·일전쟁을 일으켰다.

이번에도 고니시 유키나가를 선봉으로 하여 14만 7,500명이 투입되었다. 또한 지난 제1차 침략 때에는 조선의 군함이 거함이어서 해전에서 이길 수 없었다는 왜장들의 변명을 받아들여 이번에는 모든 함대를 조선군함보다 훨씬 크고 튼튼하게 만들어 우선 해군부터 공략하기로 계획을 세웠다. 그러고는 교두보를 유지하고 있던 부산진으로의 진공을 서두르고 있었다.

한편 1월 27일, 돌연 도원수(都元帥: 조선군총사령관) 권율로부터 전력의 증강에 여념이 없던 이순신 제독에게 왕명이 전달되어 왔다.

그 내용은 "1월 15일에 적장 가토 기요마사가 바다로 쳐들어올 예정이니, 이순신 통제사는 수군을 거느리고 나아가 적장을 바다에서 잡으라"는 것이었다. 그런데 그 정보의 출처가 수상했다.

도원수가 말하기를 "이 정보는 유키나가가 그의 부장 요시라(要時羅)를 통해 내게 전해 온 것을 내가 조정에 보고했던 것" 이라는 것이다.

이에 이순신은 다음과 같이 항변하였다.

"우선, 정보의 제보자가 왜적장수인데, 어찌 우리를 도와 제 동료를 죽이려 하겠는가? 지금 이 나라를 지키고 있는 유일한 연합함대를 확실하지도 않은 정보를 믿고 경솔하게 출동시킬 수는 없다. 만에 하나 그 정보가 적의 책략이라면, 우리 수군은 돌이킬 수 없는 타격을 입을 것이고 또 그 정보가 사실이라 해도 적장 하나 잡기 위해 조선의 마지막 보루인 수군을 움직일 수는 없다.

지금의 전쟁은 한 국가의 국력을 모두 걸어야 하는 총력전인 까닭에 전쟁의 승패에 따라 그 국가와 백성들의 운명이 결정되고 말 것이다. 물론 가토 기요마사가 황송하옵게도 우리의 왕자들을 인질로 잡고 있어 상감마마의 심기를 어지럽힌 죄 크다 하나, 그렇다고 나라의 국방을 책임지고 있는 장수된 자로서 적이 흘린 정보에 따라 나라의 운명을 짊어진 수군 연합함대를 움직여 도박을 할 수는 없다. 우리의 함대는 적을 격멸할 방도가 세워졌을 때에만 출동할 것이다. 그것이 나라가 나에게 내린 명일 것이다. 그깟 적장 하나 죽여 봤자 그의 후임이 곧바로 임명되어 올 것인데, 무엇 때문에 가토 기요마사의 목에 그토록 미련을 갖고 있는지 알 수가 없다. 그것보다는 곧 있을 것으로 예상되는 적의 대공세를 격파할 계획을 수립하는 것이 급선무가 아니겠는가."

그러나 불행하게도 이순신 제독의 선진적인 작전구상이나 전쟁관을 당시의 우둔한 사람들은 잘 이해하지 못했다. 이순신의 뜻을 전해들은 선조는 자신의 명을 어겼으므로 '왕을 업신여긴 죄' 그리고 출동을 거부했으므로 '적을 놓아 주어 이적행위를 한 죄'를 덮어씌워 이순신을 전격 해임하고 서울로 압송하였다. 이 불행한 사건의 배경에는 이순신을 질투한 왕 이연과 원균 그리고 그의 추종배들의 사주가 있었음은 물론이다.

元均과 朝鮮海軍의 最後

원균과 조선해군의 최후

어명(御命)에 무조건 복종하지 않았다 하여 자신의 왕권을 지켜 준 구국의 영웅을 죄인으로 몰아 파직시킨 어리석은 왕 선조는 후임 통제사로 각본대로 원균을 임명하였다.

1597년 2월 6일, 원균은 의기양양하게 조선해군의 대제독으로 승진하여 부임하였다. 그때, 전임 제독으로부터 인수받은 품목은 전함 200척, 군량미 9만 9,124석, 화약 4천근, 대포 300문 등이었다. 전임 제독 이순신이 남겨 놓은 1만 석의 군량미를 발견한 원균은 뛸 듯이 기뻤다. 자신을 대제독으로 밀어 준 조정 대신들에게 쓸 뇌물로서 안성맞춤이었던 것이다.

또한 원균은 전임 제독의 참모들을 무자비하게 파면 또는 강등시키고, 자신의 측근들을 주요 요직에 앉혔다. 군의 사기는 급격히 떨어졌고, 원균의 압제에 견디지 못한 많은 수군들이 군복을 벗어던지고 탈영하기에 이르렀다.

이리하여 이순신 제독의 250척 군함 제조 계획은 수포로 돌아갔다. 15만 왜적들과 대치하고 있는 비상 전시 상황도 망각한 듯, 원균은 또다시 매일같이 술과 계집을 작전본부로 끌어들였다. 자연히 군의 기강은 엉망이 되고 말았다.

이러한 원균의 작태는 그를 옹호하며 지원했던 왕 이연을 비롯하여 조정의 여러 대신들을 불안하게 만들었다. 그동안 천재적인 이순신의 절묘한 용병술에 힘입어 연전연승한 상황을 이해하지 못한 조정 대신들은 막연히 조선해군이 일본해군을 일방적으로 물리칠 수 있으리라 과신하고 있었다.

그러한 분위기를 조장한 것은 바로 원균 자신이었다. 그는 수군의 병권을 쥐게 되면 일거에 적의 임시 소굴인 부산으로 쳐들어가 왜군을 일망타진하겠다고 호언장담하였고, 왕 이연을 비롯한 일부 대신들은 원균의 이런 어린애 같은 헛소리를 그대로 믿었다.

따라서 적이 흘려주는 정보를 그대로 믿고 바다에 나가 적장을 잡아오라는 유치한 명령도 내릴 수가 있었던 것이다. 그런데 원균은 일단 그의 소원대로 삼군통제사에 임명되자 적을 소탕하러 출동하기는커녕 한산도 본영에 처박혀 태평성세라도 맞은 듯 매일같이 질탕하게 놀면서 주색잡기에만 정신을 팔고 있었다.

왜병들이 매일같이 부산과 대마도를 분주히 오가며 계속하여 병참수송을 하여 조선 상륙군을 증강시키고 있었으므로, 도원수 권율은 원균에게 즉시 출동하여 왜군의 수송로를 바다에서 차단하라고 명령을 내렸다. 그러나 원균은 갖은 핑계를 대면서 결코 출전할 생각을 하지 않았다. 시간이 흐르면 그만큼 적병들은 증강되어 갈 뿐이었다. 그러나 이를 격멸해야 할 함대사령관인 원균은 도무지 움직이려 하지 않았다.

도원수의 명령이 무시되자 권율은 이 사실을 선조에게 보고하였고, 이에 따라 왕은 선전관 김식(金軾)을 파견하였다. 5개월이 지난 7월 1일, 마침내 수군사령관 원균은 도원수 권율 앞으로 소환되었고, 이 자리에서 왕의 선전관 김식은 출전하라는 어명을 전했다.

"통제사는 어명을 가벼이 여긴 이순신의 경우를 생각해보면, 어명을 어길 땐 그 결과가 어찌 되는지 잘 알고 있을 것이오. 이번 함대 출동에는 나 자신도, 조정의 명령에 따라 통제사의 기함에 오를 것이오. 내게는 통제사의 전투상황을 낱낱이 조정에 보고해야 할 의무가 있소. 그리 알고 출동준비를 갖추시오."

선전관 김식을 통해 어명을 받은 원균은 눈앞이 캄캄해졌다. 이번만은 도저히 빠져 나갈 길이 없었다.

7월 15일, 마침내 원균은 움직였다. 군함과 협선을 합쳐서 무려 268척이나 되는 대함대였다. 오전 내내 준비를 마치고 정오가 되어서야 비로소 한산도의 두을포를 출항하였고, 오후 2시경에 3도 수군의 최대 요충지인 견내량을 통과하였다.

대낮에 조선수군의 대함대가 움직이자, 이를 숨어서 감시하던 왜의 척후병들은 기절할 듯 놀라 나는 듯 상부에 보고하였다.

7월 5일 저녁7시, 조선함대는 칠천도의 외즐포에 도착하여 밤을 지샜다. 다음 날 정오에 외즐포를 출발하였고, 2시쯤 영등포를 통과하여 옥포로 향하였다.

한편, 조선의 대함대가 출동했다는 보고를 받고 급히 달려온 일본해군의 참모들은 멀리 안골포 남단에 있는 육망산(陸望山)에 올라가 조선의 기동함대가 서서히 옥포로 향하고 있는 모습을 분명히 확인하였다.

그런데 돌연 조선해군이 대낮에 당당히 움직이는 이유가 뭘까?

원균은 분명 우리 일본군을 무시하고 있든지, 아니면 함대 운용의 기초도 모르는 무지한 자이든지 둘 중 하나였다. 게다가 조선함대의 움직임으로 보아 왜군의 본영이 있는 부산으로 쳐들어갈 모양이 분명하니, 안골포, 웅포, 가덕, 김해, 죽도 등지에 분산되어 있는 함선들을 모두 부산진으로 집결시키도록 조치를 취한다.

그동안 이순신의 조선함대 공포증에 시달려 온 일본으로선 아직 원균과 싸워본 적이 없었기 때문에 원균의 작전을 이해할 수가 없었다. 따라서 일단 원균이 목표로 하고 있다고 판단한 부산으로 모든 전력을 집결시켜 다가올 결전에 대비하기로 한 것이다.

7월 7일 새벽 4시, 원균의 삼도수군 연합함대는 옥포를 떠나 부산으로 향하였고, 약 3시간 후에는 가덕도 남방을 통과하였다. 그러나 이러한 함대의 움직임은 봉수대 및 응봉(鷹峯-해발 358m)과 연대봉(煙臺峯-해발 459m)에 설치되어 있는 왜병의 감시 초소에 의해 낱낱이 파악되고 있었다.

이것들은 원래 조선에서 만들어 놓은 것인데 지금은 우습게도 조선을 침략한 왜병들에 의해 이용되고 있었다.

조선해군 함대의 가덕도 남방 통과를 알리는 봉화가 하늘 높이 올랐고 이를 발견한 부산의 왜장들은 무려 1천여 척의 대함대를 부산방어를 위하여 절영도(영도)의 후면에 대기시켜 놓았다.

내 집으로 들어오는 지친 적을 쳐서 잡겠다는 전략이었고 또 아직도 미지수인 원균의 작전을 조심스럽게 탐색해 보려는 의도에서였다.

원균이 이끄는 공포의 조선함대가 절영도 앞바다에 도착한 것은 이미 날이 어두워지기 시작한 저녁 7시 경이었다. 이때의 상황을 유성룡의 말을 빌려 보면….

> "균(원균)이 절영도에 이르자 바람이 불고 파도가 일었으며, 날은 이미 저물었는데 정박할 곳은 아무데도 없었다. 돌연 왜선들이 출현하자 원균은 곧 공격 명령을 내렸다. 그러나 병사들이 하루 종일 노를 저어 피곤에 지쳐 있어 앞으로 전진할 수가 없었다.
>
> 왜선은 우리가 피곤해 지도록 유인했으며, 우리 함대는 통제를 잃고 사방으로 흩어져 버렸다. 밤이 깊어지자 바람이 더욱 거세어졌고, 우리 배는 표류하여 서로 어디로 갔는지 알 수가 없게 되었다."

왜선과는 교전도 못 해 본 채 엉망진창이 되어 버린 조선함대는 제각기 그곳을 빠져나와 본영이 있는 한산도를 향하여 막연하게 달아났다.

그런데 신기하게도 단 한 척의 왜선도 조선함대를 추격해 오지 않았다. 이순신함대의 유인작전에 걸려 전멸당한 경험이 있는 왜장들은 신임 제독 원균을 만나 또 무슨 예상 못한 함정이라도 있지 않을까 지극히 신중을 기하고 있었던 것이다.

이순신함대는 부산의 내항까지 쳐들어와 그들을 마구 짓밟지 않았던가…? 그런데 이번엔 조선함대가 스스로 물러가 주니 이 얼마나 고마운 일인가!

항해에 무지했던 한심한 원균은 날씨 변화와 사람의 한계를 무시한 멍청한 항해를 강행함으로써, 왜적들과는 싸워 보지도 못하고 극도로 지치게 만들었다. 그 결과 원균함대는 제대로 싸워보기도 전에 벌써 패전 함대화되어 무려 20여 척의 함선을 잃고 말았다.

왜선의 추격을 예상하고 공포의 탈출극을 연출한 원균함대가 겨우 가덕도에 도착하자, 극도로 목이 말랐던 병사들은 저마다 앞을 다투어 상륙하여 정신없이 물을 찾았다. 그러나 가덕도에는 왜장 시마즈 요시히로(島津義弘)가 이끄는 사츠마군(薩摩軍)이 있었다.

그들은 갑자기 뛰어든 비무장의 조선수병들을 발견하고 무자비하게 도륙해 버렸다.

불타는 조선의 희망

상륙하기 전에 정찰병 하나 파견할 줄 몰랐던 원균의 무지로 인해 무려 400여 명의 부하들이 순식간에 목숨을 잃고 만 것이다.

7월 9일 새벽 4시경, 원균이 이끄는 연합함대는 간신히 칠천량의 외즐포에 도착하였다. 왕의 명령을 받고 부산의 일본함대를 격멸하겠다고 떠났던 원균함대는 왜선과는 교전 한 번 못 해 본 채 무려 20척의 함선과 400여 명의 부하들만 잃고 말았다.

마치 패잔병처럼 전의를 상실하여 원균은 이젠 한산도 본영으로 빨리 돌아가고 싶은 생각밖에는 없었다. 그러나 원균의 승첩 보고만을 손꼽아 기다리던 도원수 권율은 원균이 부산 문턱에서 되돌아왔다는 보고를 접하고 격노하여 그를 급히 불러들여 명색이 삼군통제사인 원균을 묶어 놓고 곤장을 때려 그의 비겁함을 꾸짖은 다음, 다시 부산으로 진격할 것을 단호히 명하였다.

이로써 한산도 본영으로 되돌아가려던 원균의 계획은 좌절되고 말았다. 그렇다고 다시 부산으로 쳐들어갈 용기도 없어 매일 술만 퍼마시면서 자포자기에 빠졌다.

한편, 원균 함대의 부산공격으로 일시 당황했던 왜장들은 공격이 있던 날 원균이 보여준 수상한 행동이 작전과는 무관하게 원균의 무지에서 비롯된 것임을 알고는 이번에야말로 조선수군을 전멸시킬 수 있는 절호의 기회라며 전의를 불태우게 되었다.

이리하여 부산을 결사 수호하려던 왜장들은 이번에는 원균함대를 격멸하기 위하여 1천여 척의 대연합함대를 조선함대가 정박해 있는 외즐포로부터 불과 60리 거리에 있는 웅포와 안골포 등지로 총집결시켰다.

7월 15일 밤 10시, 왜군은 6척의 특공함대를 파견하여 원균함대의 방어태세를 시험해 보았다. 그런데 원균은 함대가 정박해 있는 외즐포의 외항에 경비선 하나 세우지 않고 술에 곯아 떨어져 있었다.

왜군은 일단의 특공함대를 투입하여 야습으로 원균함대를 시험하였다. 한바탕 진영을 휘저은 일본 특공함대가 돌아가자, 눈치 빠른 경상우수사 배설은 원균 밑에 있다가는 목숨을 부지하기도 어렵다고 판단하고, 자신의 직속 함대 12척을 이끌고 일본 특공 함대를 추격하는 척하면서 외즐포를 벗어나 한산도 방면으로 도망쳐 버렸다.

불과 6척의 특공선단 출현에 조선수군의 본진이 허둥지둥 수라장으로 변했다는 소식에도 왜군 대장들은 선불리 판단을 내릴 수가 없었다. 그동안 이순신함대의 유인 – 매복 – 기습작전에 걸려 매번 참패를 당했기 때문이었다.

아무리 원균이 병법에 어둡다고 해도 외항에 경비선 하나 세우지 않고 조선함대의 주력을 외즐포의 좁은 항구에 집결시켜 놓고 경야(經夜)할 리가 만무하였던 것이다.

왜장들은 갑론을박 하였으나 결국 숫적으로도 절대 우세한 지금이야말로 일본 80만 신(神)들이 만들어 주신 절호의 기회라고 판단하게 되었다.

더구나 적은 지금 정박하여 있고, 왜군은 만반의 전투 준비를 갖추고 있는 상태였던 것이다. 그동안 조선해군에 당한 모멸과 치욕을 상기하면서 왜장들은 극도로 흥분하기 시작하였다.

이때의 해전에는 도도 다카토라(藤堂高虎), 와키자카 야스하루(脇坂安治), 구루시마 미치후사(來島通總), 가토 요시아키(加藤嘉明), 시마즈 요시히로(島津義弘) 그리고 이순신의 해상 봉쇄로 처참한 희생을 감수하며 스스로 평양성을 탈출해야만 했던 고니시 유키나가(小西行長) 등 30여 왜장들이 참전하였다.

이들은 이 전투를 위하여 육군의 최정예 부대까지 동원하여 전투 병력 총 10만에 함선이 1천 척이 넘는, 세계 해전 사상 전무후무한 대함대를 구성하였다.

16일 새벽 4시경, 일본 최대의 연합함대가 외즐포로 통하는 상하 양쪽의 항구 입구를 겹겹이 포위하고 모든 화력을 총동원하여 일시에 돌진해 들어갔다.

돌연한 왜군의 기습적인 공격에 원균과 조선함대는 허둥지둥 당황하였고, 준비도 지휘도 엉망인 상태에서 대응을 못하고 쩔쩔매다 순식간에 붕괴되기 시작하였다.

그때까지도 술기운에서 깨어나지 못하고 있던 원균은 갑옷도 걸치지 못한 채 기함에 올라 외즐포를 탈출하기 위하여 결사적으로 좌충우돌하다 겨우 겹겹이 쳐진 왜군의 포위망을 뚫을 수 있었다.

뒤를 돌아다보니 거의 모든 조선군함들은 이미 불길에 휩싸여 있었고 원균의 기함을 따르는 배도 2, 3척에 지나지 않았다. 원균은 한산도를 바라보고 필사적으로 달아났고 그 뒤를 왜선들이 맹추격해 왔다.

간신히 한산도로 통하는 견내량 입구에 도착하고 보니, 그곳에도 수백 척의 왜선들이 수로를 철통같이 봉쇄하고 있었다. 이때, 조선의 기함을 발견한 왜선들이 일제히 달려들어 집중공격을 퍼부으니 기함은 순식간에 화염에 휩싸여 버렸다.

더 이상 견딜 수 없었던 원균은 배를 버리고 물에 뛰어들어 간신히 섬으로 기어올랐다. 그러자 이를 본 왜병들이 서로 공을 세우기 위해 다투어 추격하여 왔다.

비대한 몸집의 원균은 결국 왜병들에게 잡히게 되었고, 그들의 칼날에 참혹하게 살해되고 말았다. 조선해군을 파멸시킨 자는 왜군들이 아니라 바로 원균 자신이었음을 알고나 죽었을까?

원균의 기함이 전장을 이탈하여 달아나 버리자, 이억기와 최호(충청수사) 함대도 적의 포위망을 뚫고 기함의 뒤를 따랐다. 그러나 원균이 배를 버리고 육지로 달아나자 방향을 돌려 춘원포로 향했는데, 그곳에도 왜선들이 대기하고 있어 최후의 결전을 벌이게 되었다.

궁지에 몰린 이억기는 결국 패전의 책임을 스스로 짊어지고 목에 칼을 꽂아 영웅답게 자결하였다.

이로써 전설적인 이순신함대는 원균에 의해 전멸당하고 말았다.

이제 더 이상 조선해군은 존재하지 않았다. 기고만장한 우키다 히데이에(宇喜多秀家)는 7월 17일, 새로운 작전회의를 열어 이미 북진 중인 우군(右軍)을 제외하고 좌군(左軍)과 중군의 10만 대병을, 군선을 이용하여 서해를 돌아 곧장 한강으로 상륙시켜 서울을 단숨에 점령하겠다는 전략을 세웠다.

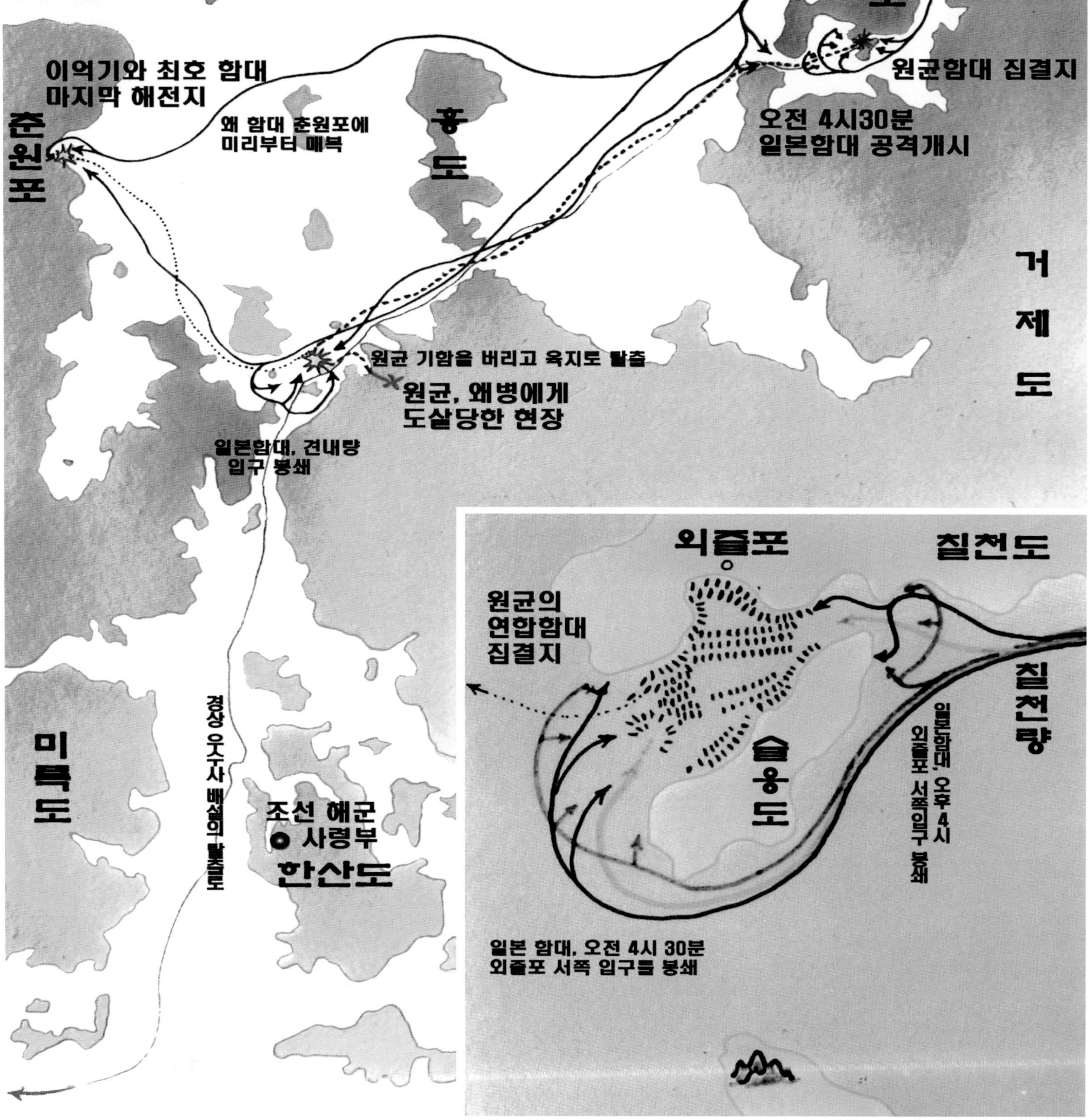
새벽 6시, 일본 연합함대 출동
칠천도
원균함대 집결지
오전 4시30분
일본함대 공격개시
이억기와 최호 함대
마지막 해전지
춘원포
왜 함대 춘원포에
미리부터 매복
흥도
거제도
원균 기함을 버리고 육지로 탈출
원균, 왜병에게
도살당한 현장
일본함대, 견내량
입구 봉쇄
미륵도
경상 우수사 배설의 탈출로
조선 해군
사령부
한산도
외줄포
칠천도
원균의
연합함대
집결지
칠천량
솔웅도
일본함대, 오후 4시
외줄포 서쪽입구 봉쇄
일본 함대, 오전 4시 30분
외줄포 서쪽 입구를 봉쇄

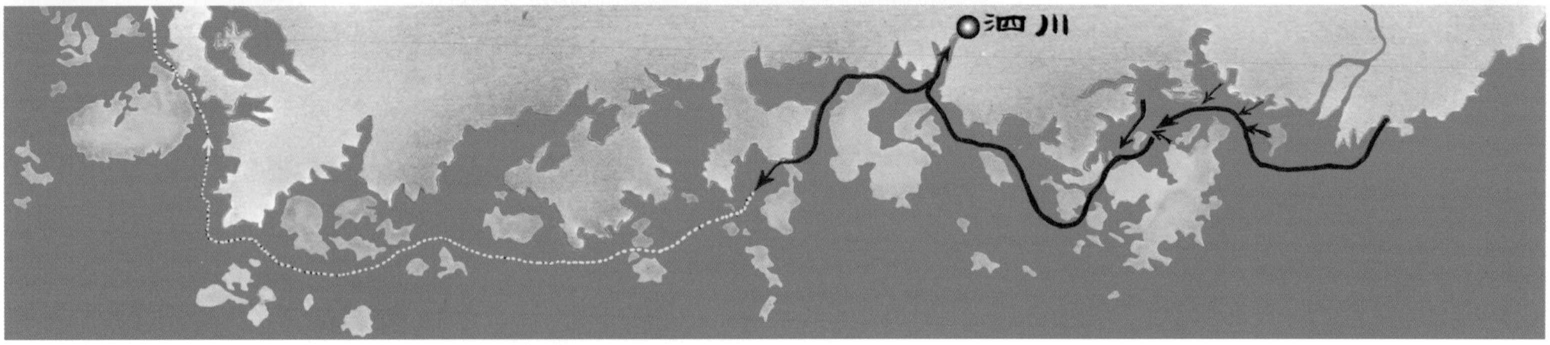

이에 따라 7월 29일, 일본의 좌군과 중군의 연합군은 일제히 서해를 향하여 출발하였다.

총사령관 우키다 히데이에는 부산에서 출발하였고, 고니시 유키나가는 웅천에서, 시마즈 요시히로는 거제도에서, 모리 요시나리(毛利吉成)와 이토 우헤이(伊東祐兵)는 안골포에서 출발하였으며, 하치스가 이에마사(蜂須賀家政)와 나마고마 히토마사(生駒一正) 등도 타군들과 보조를 맞추어 가며 모두 사천 근처로 총집결하였다.

다시 사천(泗川)을 출발한 왜군은 섬진강을 따라 올라가서 구례를 삼키고, 8월 16일에는 벌써 남원성을 함락시켰으며, 다시 바다로 내려와 전라우수영을 목표로 진군하였다.

그러나 이들의 진격을 막을 수 있는 조선의 수군은 아무 데도 존재하지 않았다.

이때 일본 중군과 좌군은 대형 수송선 130여 척에 10만 병력이 분승하고 있었고, 또 70여 척의 호위전함들을 거느리고 있어서 글자 그대로 천하무적의 대함대를 구성하고 있었다.

하늘에서 기적이라도 내리지 않는 한 조선의 운명은 이것으로 끝나는 듯하였다. '백척간두'라는 말은 바로 이런 때를 이르는 말이었다. 육전에서 1,600명으로 50,000명의 조선군을 격파[3]하고 서울을 20여 일 만에 점령한 바 있는 일본군이었다. 그런 일본군이 보급 걱정 없이 수륙양동작전을 전개하려 하고 있는 것이다.

한 사람의 미련한 왕과 제 능력도 모른 채 오직 벼슬에만 집착한 원균, 그리고 나라의 안위에는 아랑곳하지 않고 오직 패거리 싸움에만 총력을 기울인 자들이 모두 한패가 되어 나라와 백성의 운명을 왜인들에게 팔아넘긴 꼴이었다.

3) 용인전투(현재의 수원 광교산 지역)를 말한다. 1592년 6월 경상도관찰사 김수, 충청도관찰사 윤선각, 전라도관찰사 이광 등이 인솔한 병력을 합쳐 수만에 달하는 관군과 와키자카와 와타나베 등이 이끄는 1,600여 명의 왜군이 용인, 수원 등지에서 싸운 전투이다. 이 전투에서 조선의 삼도 연합 관군은 일본군에게 참패를 당하였다. 참전한 병력의 수는 양측이 서로 다르나 최소 수 배 이상의 병력차가 있었던 것은 확실하다

불가사의(不可思議) 명량대첩(鳴梁大捷)

불가사의(不可思議)
"사람의 생각으로 헤아릴 수 없다"

이 말처럼 칠천량에서의 참패 이후 태풍 앞의 촛불 같던 조선의 운명을 뒤바꾼 일을 잘 표현할 수 있는 말은 없을 것이다.

보통 말하는 임진왜란의 3대 대첩 즉 한산대첩, 행주대첩, 진주성대첩은 당시 전쟁의 상황과 본질을 외면한 것에 불과하다. 이전의 전투와 대승의 전적이 큰 전쟁의 흐름 속에서 이루어진 여러 사건들의 한 부분이었다면, 명량대첩은 전쟁의 흐름을 아예 불가능할 것 같던 방향으로 돌려놓은 사건이었다.

이순신은 우왕 이연의 유치한 명령에 조선수군의 목숨을 걸지 않았다는 이유로 삼도수군통제사에서 파직당하고 동시에 왕명을 따르지 않았다는 죄목으로 감옥에 갇혀 혹심한 고문을 받고 목숨마저 위협받게 되었다. 그러나 판부사 정탁의 목숨을 건 구명운동으로 간신히 사형만은 면하고 1개월여 만인 1597년 4월 1일 감옥에서 석방되었다.

| 위대한 제독(提督) 이순신(李舜臣) |

1) 백의종군은 말 그대로 흰옷만을 입고 군을 따른다는 것으로, 현대로 말하면 장군이 이등병으로 강등되는 것을 말한다.
군인으로서 이보다 치욕스러운 일은 없다. 요즘에도 그렇듯이 이런 인사 조치는 파면이나 파직보다 훨씬 더 수위가 높은 징계로 보통 이 조치와 함께 자리에서 물러나게 된다. 즉, 모든 공식기록에서 원래의 계급인 장군은 삭제되고 이등병으로 적히며, 어떠한 혜택도 명예도 없이 물러나라는 조치인 것이다.
그런데 이순신은 이 조치를 받아들이고는 그대로 군에 남는다. 모든 힘을 잃고 고문으로 몸까지 상한 그였지만 전쟁의 참화를 겪는 조국과 백성에게 작은 힘이나마 보태고자 스스로의 자존심은 던져버렸던 것이다.

백의종군(白衣從軍)

감옥에서 나온 이순신은 도원수 권율(權慄) 밑에서 백의종군(白衣從軍)[1]하라는 명을 받았다.

옥사를 나선 지 3개월여가 지난 7월 18일, 그러니까 원균함대가 전멸당하고 이틀이 지난 뒤 새벽에 원수부의 군관 이덕필(李德弼)과 변홍달(卞弘達)이 찾아와 조선수군의 전멸 소식을 이순신에게 전하였다.

곧이어 도원수 권율이 원수부의 참모들을 대동하고 사병신세인 이순신을 찾아왔다. 해군의 전멸 소식을 듣고, 말단 부하로 백의종군하는 이순신 앞에 나타난 권율은 마치 그 자신이 죄인이라도 된 듯 머리를 숙이고 있었다.
권율은 "일이 이 지경이 된 이상 어쩔 수가 없다"고 말하고는 더 이상 말을 잇지 못하고 있었다.

대영웅을 죄인으로 몰아 백의종군시키고 있음을 사과하고 있는 것이며, 한편으로는 이 난국을 타개해 줄 사람은 이순신밖에 없다는 뜻이기도 하였다.

그러나 백의종군의 신분인 이순신이 할 수 있는 일은 없었다. 한동안 말을 잇지 못하고 있는 도원수 권율을 바라보던 이순신은 "내가 직접 연해안 지방으로 가서 보고 듣고 난 후에 방안을 결정하는 것이 어떻겠는가?"라고 하자 이에 권율이 기뻐하며 허락하였다.

이리하여 우국충정에 불타는 이순신은 과거 통제사 시절 그의 밑에서 종사했던, 지금은 원수부에 속해 있는 9명의 군관을 차출하여, 남은 전선이 정박해 있다는 하동(河東)의 노량진(鷺梁津)을 향하여 달려갔다.

지금 이순신에게는 아무것도 없다. 맨손으로 조선해군을 다시 재건하여 10만 왜병들의 서해 진출을 막아야 했다. 그는 길거리에서 지푸라기 하나라도 건져 해군 재건에 유용하게 활용해야 했다. 억수같이 쏟아지는 장맛비를 맞으며 진주에 들러 진주 부사와 작전을 논의하고 4일 만에 142km를 달려 7월 21일, 목적지인 노량에 도착하였다.

경상우수사 배설은 원균함대가 전멸당하던 날 밤, 미리겁을 먹고 12척의 전선을 이끌고 함대를 이탈하여 이곳 하동 노량진으로 도망쳐 왔었다. 이 12척의 패전선을 점검해 보니 신속한 수리가 필요했다.

그러나 아무런 실권이 없었던 이순신은 그저 보고 들은 상황을 정리하여 다음과 같은 보고서를 원수부에 올릴 수밖에 없었다.

① 경상우수사 배설은 전의를 상실하고 전쟁 공포증에 걸려 있음.
② 군함 1척당 190명이 필요한데 현재 겨우 90명 이하로 격감되어 있음.

③ 군량미가 부족하여 12척의 함대 장병들이 기아 상태에 있음.
④ 전선 함포용 화약, 피사체 등이 절대 부족한 상태임.

한편, 왕 이연의 명령으로 이번 해전에 처음부터 끝까지 종군한 선전관 김식은 기적적으로 살아남아 서울로 돌아가 원균 함대의 괴멸 과정을 소상히 보고하였다. 이때가 7월 22일이었으니, 원균이 패전한 날로부터 꼭 6일째 되는 날이었다.

왕은 급히 대신들을 소집하여 사후대책을 의논해 보았으나, 이미 조선수군이 전멸한 상태에서 무슨 뾰족한 수가 있을 리 없었다. 결국 구국의 영웅을 죄인으로 몰았던 원흉 선조는 뻔뻔스럽게도 다시 이순신을 삼도수군통제사로 임명하여 무슨 요술이라도 부려 자신의 왕조를 구해주기를 기대하였다.

서기 1597년 7월 23일자로 된 삼도수군통제사(三道水軍統制使) 임명장이 이순신에게 도착한 것은 8월 3일 이른 아침이었다. 이로써 이순신은 다시 조선해군의 대제독이 되었다.

이때부터 이순신의 움직임은 대단히 기민해졌다. 상대는 수백 척의 대형 전함을 보유하고 있었다. 그러나 이순신 제독에게는 12척의 함선이 있을 뿐이었다. 제독은 이 12척의 전함(판옥선)의 전투력을 증강시키기 위하여 전 함선을 거북선과의 절충형으로 개조하였다.

즉, 갑판의 벽을 높여 병사들이 적의 조총탄에 노출되는 것을 방지하도록 한 것이다. 왜인들은 이 배도 거북선이라 불렀다.

그러나 그것만으로는 부족했다. 우선 배를 움직일 병사들이 필요했다. 이미 배에 딸린 병사들의 태반이 종적을 감춘 뒤였다.

또 군량미도 구해야 했고, 탄약과 피사체도 모두 부족하였다. 선조는 앞서서도 그랬듯이 이번에도 이순신에게 의무만 주었을 뿐 쌀 한톨 지원하지 않았다. 따라서 이순신은 9명의 군관을 이끌고 이 모든 보급품을 스스로 해결하기 위해 이곳저곳을 헤매고 다녀야 했다.

이렇게 출발한 이순신 일행은 8월 5일, 곡성에 도착하여 고산(高山) 현감 최진강(崔鎭剛)으로부터 신병들을 인수받았다. 8월 6일, 옥과에 접어드니 구례가 왜병들에게 점령당했다는 소문에 피난민들이 줄을 잇고 있었다.

이순신은 여기서 옛 부하 이기남(李奇男: 거북선 돌격대장), 정사준(鄭思竣) 형제, 군관 조응복(曺應福), 양동립(梁東立) 등을 만나 일행에 가담시켰다. 이순신에게는 그의 함대를 지휘해 줄 군관들도 많이 필요했던 것이다.

8월 9일, 아침 일찍 옥과를 출발하여 순천(順天)으로 향하던 중, 부대가 해산되어 할 수 없이 고향으로 돌아가던 전라병사 이복남의 부하들을 만나 이들을 모두 수군으로 편입시켰고, 또 이들로부터 많은 군마와 병기들도 확보할 수 있었다.

8월 8일, 황양현감 구덕령(具德齡), 나주판관 원종의(元宗義), 옥구군수 김희온(金希溫) 등을 얻고 해질 무렵 순천에 도착하니 모두가 피난 가버리고 성안은 텅 비어 있었다.

그런데 무능한 순천 관리들은 도망가기에 바빠서 적군에게 큰 도움이 될 군기 창고를 파괴도 하지 않은 채 그대로 방치하였다. 그러나 이러한 관리들의 실책은 빈손으로 해군을 재건해야 했던 이순신에게 큰 도움이 되었다. 이순신은 이 창고 안에서 다량의 무기들과 장편전(長片箭) 등을 얻을 수 있었던 것이다.

8월 9일, 순천을 떠나 낙안(樂安)으로 가니, 그곳에 먼저 와 있던 순천부사 우치적(禹致績)과 김제군수 고봉상(高鳳翔) 등이 가담하여 왔다. 그들은 곧 국창(國倉)이 있는 보성 조양창(寶城兆陽倉)으로 향하였다. 초저녁에 도착하여 보니 그곳에도 지키는 사람 하나 없이 창고가 봉인된 채 있었다.

이리하여 이순신은 아이러니하게도 조선군관들의 무책임한 행동으로 인해 많은 보급품을 확보할 수 있었다. 이로써 빈손으로 시작한 이순신의 조선해군 재건 계획은 최소한의 군병과 병기 그리고 군량미를 확보할 수 있게 되었고 이제는 12척의 군함들을 움직일 수 있게 되었다. 참으로 궁색한 모습이지만, 그래도 이제는 적의 공격을 앉아서 당하고만 있지 않아도 된 것이다. 이때 이순신은 구례, 곡성, 옥과, 순천, 낙안, 보성 등 330km를 돌며 병사 1천과 군량미 1개월분 그리고 많은 전투용 병기들을 거두어 들여 최소한 한차례의 해전은 감행할 수 있게 되었다.

그런데 여기서 우리가 눈여겨 봐 두어야 할 점은, 이 많은 병참품들을 왜군보다 불과 하루 정도 앞질러 이순신이 먼저 거두어 들였다는 사실이다.

신화(神話)의 시작

만약 이순신이 아니었더라면 이 모든 것들이 모조리 왜병들 손에 넘어가 버릴 뻔했던 것이다. 이 점만 보더라도 선비의 나라 조선이 얼마나 병법에 무지했었는지 상상할 수 있을 것이다.

8월 20일, 드디어 이순신은 갑판개조를 끝낸 12척의 군함으로 함대를 구성하고, 직접 지휘하여 이진(梨津)으로 이동하였다.

8월 26일, 드디어 기다리고 있던 일본해군의 척후선 8척이 이진의 60리 거리까지 접근하여 왔다. 원균의 패전 이후 이리저리 도망만 치던 12척의 함대였다. 따라서 이순신의 지휘하에 거두는 첫 승리는 대단히 중요한 의미를 갖게 되는 것이다. 왜선의 추격을 발견한 이순신은 슬그머니 함대를 옮겨 어란진(於蘭津)으로 갔다.

한편, 조선수군의 패전선 무리가 이진에 있다는 정보에 따라 일본의 척후선단이 추격해 와 보니, 조선의 패잔선단은 겁에 질려 어란진으로 도망가 버렸다. 3도 연합함대를 격파한 일본의 용맹한 군함들을 보고 도망치는 꼴이 가엾을 지경이었다. 이때까지 일본군들은 도망치는 12척의 선단을 이순신이 지휘하고 있다는 사실을 전혀 모르고 있었다.

8월 28일 오전 6시, 왜선들은 조선의 패잔선들을 잡기 위해 기세 좋게 달려들었다. 그러나 이것은 바로 이순신 제독이 파놓은 함정이었다. 조선해군은 승선원들 태반이 해전에 전혀 경험이 없는 육군들이었고, 그중에는 물을 무서워하는 자들도 많이 있었다.

따라서 초전에서 승리를 거두어 이미 떨어질 때로 떨어진 장병들의 사기도 올려 줘야 했고 또 실전을 통하여 전투 경험도 쌓게 해 주어야 했는데, 마침, 일본의 척후선이 불과 8척만으로 공격을 해 주니 오히려 고마웠다. 적선들이 출현하자 병사들은 놀라서 안색이 변하며 당황하기 시작했다.

이에 기회를 보던 이순신이 기함을 앞세워 적선들을 가로막고 일시에 함포를 발사하니 의기양양하게 달려들던 왜선들이 갑자기 허둥지둥거리며 일대 혼란을 일으키

기 시작하였다.

이순신이 기함의 깃발을 올려 전함대의 총공격을 명하자, 왜선들은 급히 방향을 돌려 도망치기 시작하였다. 모두가 이순신 제독이 바라던 대로였다.

이순신 제독은 전 함대를 몰아 추격전을 펼쳤다. 왜선들이 뒤도 돌아보지 않고 도망치자 이를 쫓는 조선 수군의 사기는 하늘을 찌를 듯하였다. '역시 이순신 장군 밑에서 싸우면 백전백승할 수밖에 없다'. 모든 장병들은 그동안의 신화가 현실로 나타나자 이제는 이길 수 있다는 자신감으로 재무장하게 되었다.

이순신함대는 갈두(葛頭)까지 추격하다가 회군하였고, 장도(獐島)로 옮겨갔다가 다시 야음을 틈타 벽파진으로 옮겨 진을 쳤다.

척후선단 8척이 혜성과 같이 나타난 조선함대의 역습을 받고 쫓겨 오자, 일본수군 본부에서는 작은 동요가 일었다. 조선의 삼도수군 연합함대는 분명히 일본수군의 총공격으로 완전히 괴멸되었고 조선수군의 사령관까지 죽었는데, 아직도 12척의 함대가 남아서 마치 유령처럼 출몰하고 있다니…? 이것이야말로 일본군 수륙 병진책의 최대 위협으로서 도저히 그냥 지나칠 수 없는 문제였다.

이리하여 55척으로 구성된 대함대가 12척의 유령함대를 찾아 격멸하라는 명령을 받고 출동하였다. 55척의 함대는 조선의 유령함대가 정박하고 있다는 어란진으로 달려갔다.

그러나 어찌 된 셈인지 조선함대는 단 한 척도 보이지 않았다. 왜장들은 아마도 지난번의 척후선단이 무엇인가 착각했을 것으로 확신하였다. 그러나 혹시나 하는 마음에서 12척의 별동 함대를 따로 파견하여 그 주변의 섬들을 샅샅이 수색해 보도록 하였다.

일본의 별동함대는 유령함대를 찾아 벽파진(碧波津)으로 다가갔고 이들의 움직임은 거미줄 같이 쳐놓은 이순신 제독의 감시망에 의해 낱낱이 탐지되고 있었다. 제독은 미리 전 함대에 출동 대기 명령을 내려놓고 있었다. 편안한 자세로 있다가 피곤에 지친 적을 공격하겠다는 작전이었다.

이미 초전에 승리하여 사기가 오른 이순신함대였다. 그러나 일본군은 아직까지도 그토록 무서운 이순신 제독이 다시 돌아와 조선해군의 유령 함대를 지휘하고 있다는 사실을 눈치 채지 못하고 위세도 당당하게 진격해 왔다.

이때가 오후 4시경, 기회를 보고 있던 이순신 제독은 드디어 일본의 별동함대를 격멸하라는 명령을 내리고 그 자신이 선두에 서서 일본함대를 향하여 돌진하였다.

느닷없이 튀어나온 유령함대가 불시에 발포하며 달려들자, 크게 놀란 일본의 별동 선단 12척은 황급히 배를 돌려 도망가 버렸다.

어찌 된 영문인지는 몰라도 아무튼 조선의 유령선단을 이끈 장수는 확실히 뛰어난 인물임에는 틀림이 없어 보였다. 지금까지의 보고를 종합해 보면, 조선수군의 화력도 매우 강력하여 잘못하면 각개 격파 당할지도 모를 일이었다. 조선수군의 군함이 모두 12척이라고 하니 적어도 두 배 이상의 함대로 일시에 몰아쳐 제압하고 서울로의 수송항로를 안전하게 확보해야 했다.

그날 밤, 이순신 제독은 일본군의 야습이 있을 것으로 예상하고 작전 회의를 열었다.

적은 군세로 큰 군세를 공략하려면 사소한 실수라도 있어선 안 되겠기 때문이었다. 세세한 작전과 행동요령을 일일히 숙지시켜 아직 해전에 미숙한 장교와 병사들에게서 최선의 결과를 이끌어 내기 위함이었다.

이리하여 12척의 군함들은 강력한 지자총통으로 무장을 하고 바위 곁의 어두운 곳에 함선을 감추고 포진하였다. 한편, 적의 눈에 잘 띄는 곳에 작은 협선들을 묶어 놓고 그 위에 불을 밝혀 적의 표적이 되게 하였다.

9월 7일 오후 10시, 20여 척의 일본함대가 소리도 없이 벽파진 안으로 미끄러지듯 접근하여 왔다. 제독의 예측대로 일본군의 야습이 시작되고 있었다. 이때, 일본함대 사령관은 불을 밝힌 채 정박 중인 조선해군 선단을 발견하고 야습에 성공하였다고 기뻐하며 덤벼들었다.

그러나 미리부터 바위 뒤에 숨어 있던 조선군함들이 불시에 튀어나오며 대포를 발사하니, 완전한 기습을 노렸던 일본함대는 도리어 매복전에 보기 좋게 걸려들었다.

일본선단은 필사적으로 탈출을 시도했으나 이순신 제독의 포위망은 여간해서는 잘 뚫리지 않았다. 이날의 야전(夜戰)으로 선봉에 섰던 일본의 정예 군함들은 모조리 격침되었고, 겨우 탈출에 성공한 함선들도 참혹한 피해를 입었다.

이순신 제독의 뛰어난 용병술의 한 단면을 볼 수 있었던 해전이었고, 이를 통해 신참 병사들은 무서운 역전의 용사로 커갈 수 있었다.

벽파진 야습에 실패하고 만신창이가 되어 쫓겨 온 함대를 보고 일본해군의 수뇌부는 긴장하지 않을 수 없었다. 괴멸된 줄로만 알았던 조선수군이 아직 건재해 있었던 것이다. 도대체 이 수수께끼 같은 유령 함대의 정체는 무엇일까?

만의 하나 일본군이 모르는 또 다른 조선함대가 있다면, 서해로 해서 한강으로 상륙하려던 수송선단은 움직일 수없게 되고, 그것도 모르는 채 북진 중인 육군은 또다시 보급품의 부족으로 참담한 지경에 처하게 될 것이었다.

현재까지의 정보를 분석해 보면 이 유령 함대는 단 12척뿐이었다. 그런데 그 지휘관이 이름만 들어도 소름이 끼치는 이순신 제독일지도 모른다는 소문이 나돌기 시작하자, 일본군 장군들은 크게 당황하기 시작했다. 만약, 공포의 이순신이 정말로 돌아왔다면, 이것만으로도 일본군의 사기에 미치는 영향은 엄청난 것이기 때문이었다.

그러나 냉정을 되찾은 일본해군의 수뇌부들은 아무리 이순신이라고 해도 그 역시 귀신이 아닌 사람인 이상 12척의 패잔 함선으로, 조선 해군 연합 함대 200여 척을 괴멸시킨 바 있는 일본의 신예 전투함대를 당해 낼 수는 없을 것이라고 자위하기에 이르렀다.

결국 일본 해군본영의 결심에 따라 최신형 전투함을 총동원하여 조선의 유령함대를 단번에 격멸시키고, 즉각 서울로 상륙작전을 감행하여 이번 제2차 대전을 조속히 종결시키기로 하였다.

이리하여 모든 일본의 신형군함들에게 조선함대가 정박해 있다는 벽파진에서 70리 거리에 있는 어란진으로 집결하라는 긴급 명령이 하달되었다.

2) 이순신 제독은 통상 적에게 함대의 움직임은 물론 규모도 노출하지 않고 작전을 전개해 왔다. 그러나 이번에는 일부러 노출하고 있다. 이는 남아 있는 병력과 전선 그리고 소모품으로 보아 단 한 번의 전투로 적의 진군의지를 꺾고 시간을 벌어야 했기 때문이다. 만약 적이 대규모가 아닌 20~30척의 함대로 끊임없이 공격해 온다면 조선해군은 연전연승하더라도 결국 물자와 병력의 열세로 패전하고 말 상황이었다.
이순신이 노린 것은 단 한 번에 처절한 패배를 안겨줌으로써 적을 위축시키고 새로운 함선을 건조하고 병사들을 훈련시킬 시간을 버는 것이었다.
따라서 최대한 많은 왜 수군이 그가 원하는 전장인 명량으로 달려들도록 해야 했다.

신화(神話) 명량대첩

이리하여 한강의 마포 상륙부대 10만 명을 포함한 일본의 최신예 군함 200여 척이 어란진으로 모여들었다. 이러한 일본함대의 부산한 움직임은 이순신 제독이 쳐놓은 거미줄 같은 정탐망에 걸려 시시각각으로 벽파진으로 보고되고 있었음은 물론이다.

9월 9일, 기다리고 있던 일본의 정탐선 2척이 나타나 벽파진에 있는 이순신함대의 동태를 면밀히 정탐하고 돌아갔다. 조선군의 함대가 작은 협선을 제외하면 실제 동원할 수 있는 전함이라곤 12척뿐임을 최종 확인하였다.

일본의 정탐선들이 벽파진의 지형과 수로 그리고 이순신함대의 동태 등을 관측하고 돌아갔다는 보고를 받고서도 이순신 제독은 아무런 대책도 세우지 않고 그저 무방비 상태로 관망만 하고 있었다.

그러나 그것은 일본군의 공격 목표를 벽파진으로 유도하려는 속임수였다. 이에 따라 일본 해군은 벽파진을 목표로 하여 작전을 전개할 것이다.[2)]

9월 14일, 드디어 삼호원(三湖院) 나루터에서 봉화가 올랐다. 어란진을 감시하고 있던 척후군관 임준영(任俊英)이 정탐 임무를 끝내고 돌아온 것이다.

그날 밤 이순신 제독은 작전을 설명하며 불안에 떠는 부하들의 마음을 진정시키고, 승리한다는 자신감을 심어주는 데 온 힘을 기울였다. 그러나 원균 함대의 괴멸을 경험했던 장교들은 불안한 마음을 쉽사리 떨쳐 버릴 수가 없었다.

이 때 이순신 제독은 "必死則生, 必生則死(필사즉생 필생즉사)", 즉 "죽기로 싸우면 살 것이요, 살기로 싸우면 죽을 것이다"라는 명언을 남겼다.

그다음날인 9월 15일, 일본군의 공격이 있을 것으로 예상한 이순신 제독은 해가 떨어지기를 기다렸다가 순류를 타고 전 함대를 몰아 결전 장소로 계획하고 있는 명량해협을 통과하여 우수영으로 옮겨갔다.

운명의 날인 9월 16일이 밝았다. 과연 이순신 제독이 예상한대로 일본군 연합함대는 어란진을 발진하여 조선 수군이 정박해 있는 벽란진을 향해 총출격하였다.

그러나 불과 하루 전까지만 해도 있었던 이순신의 유령함대가 또다시 자취를 감추고 말았다. 도대체 어찌 된 셈일까? 분명 일본의 대함대가 출동하자 미리 겁을 먹고 도망쳤을 것이다. 그러하면 어디로 갔을까? 남쪽은 일본군의 수로이므로 탈출이 불가능하다. 그렇다면 조선 수군사령부가 있는 북쪽의 우수영으로 달아났음이 분명하다. 결국 12척의 유령함대는 숨어 다니며 유격전술을 펴고 있다가 일본의 대함대가 출동하자 겁에 질려 도망쳤을 것이다.

그러나 만약 그들을 그대로 놓아둔다면, 앞으로 일본 해군의 자유로운 항해에 불안한 요소로 남게 될 것이다. 따라서 이번 기회에 그들을 찾아내어 반드시 괴멸시켜 버려야 한다. 왜장들의 결심은 단호하였다.

이번에 출동한 수군은 글자 그대로 일본 수군의 최정예 함대로서 구루시마 미치후사(來島通總)를 최선봉으로 하여, 도도 다카토라(藤堂高虎)와 가토 요시아키(加藤嘉明) 등 일본의 기라성 같은 명장들이 각각 그들의 함대를 거느리고 모두 참전하고 있었다.

여러 가지 정황으로 미루어, 어제까지 이곳 벽파진에 있었으므로 유령함대가 도망간 것은 분명 어젯밤 늦은 시각이거나 오늘 새벽이었을 가능성이 높았다. 따라서 부지런히 추격한다면 잡을 수도 있을 것이다.

구루시마 미치후사는 1592년 6월 5일 벌어진 당항포 해전에서 전사한 형님에 대한 복수심에 불타 선봉을 자원하고 나섰던 터라 적장 이순신을 눈앞에 두고 놓칠 수는 없었다.

그는 무려 133척의 함대를 이끌고 명량해협으로 접근하였고 400여 척[3]의 전함과 수송선 함대가 그 뒤를 따르고 있었다.

일본함대가 명량해협의 남쪽 입구에 도착한 것은 12시 경이었다. 마침 바다의 물결이 잔잔하여 하늘도 일본함대의 항해를 돕는 듯하였다.

그런데 미치후사 함대가 명량해협 중 가장 폭이 좁은 울돌목에 접근하니, 도망갔다고 생각한 유령함대가 기함을 선봉으로 하여 미리 포진해 있었다.

미치후사가 눈여겨 살펴보니 유령함대의 기함에 오른 장기(將旗)는 분명 삼도수군통제사 이순신이었다. 비로소 그동안 소문으로만 나돌던 이순신이 실제로 유령함대를 지휘하고 있음이 확인된 것이다.

기함이 선봉에 서서 일본함대를 기다리고 있었고, 그 뒤로 11척의 전함[4]들이 포진하여 결사항전의 의지를 불태우고 있었다. 그 뒤 멀리에도 또 한 무리의 선박들이 있었는데, 배의 모양으로 보아 큰 전선은 아닌 것 같았다. 아무튼 문제는 맨 앞의 기함이었다. 일단 이순신만 잡으면 나머지는 오합지졸에 불과하였다.

그러나 이순신의 기함은 거선이었고 적어도 20문 정도의 대포를 장착하고 있었다. 게다가 바다의 폭이 매우 좁아 공격하기가 쉽지 않을 것 같았다.

3) 기록에 따라 133척, 333척, 500여 척 등으로 나타난다. 당시 왜군은 12척에 불과한 이순신함대를 격멸하고 바로 서해로 북상할 계획이었으므로 부산에 있던 500여 척이 모두 항진하며 선두에 133척의 1군과 200여 척의 2군 전함 함대, 200여 척의 수송선을 배치하였을 것으로 보인다.

4) 역시 기록에 따라 기함 포함 12척, 13척으로 나타나는데, 1척은 반파된 상태였던 것으로 보인다. 따라서 전투에 참여할 수 없었으므로 실제 전투에 참여한 것은 12척, 출동한 배의 총수는 13척이었다.

눈앞에는, 선 일본군이 두려워하는 공포의 이순신함대가 버티고 서 있다.

당대 최고의 영웅 이순신과 한번 겨루어 보는 것도 사나이로서 영광된 일이 아니겠는가…. 더구나 이순신의 12척 함대를, 최신예 군함 133척으로 이기지 못한다면 차라리 배를 갈라 죽느니만 못하리라…. 성질 급한 미치후사는 야릇한 흥분을 느끼며 총공격의 신호를 올렸다.

그러나 해협의 폭이 불과 1마장 정도밖에 안 되어 왜선들은 답답한 수로를 종대로 항진해야만 하였다. 이 당시 전 세계적인 해전방식은 적선에 접근하여 기어오른 다음 선상에서 작전을 통해 승부를 결정짓는 식이었고, 일본해군 역시 이런 방법으로 원균 함대를 괴멸시킨 적이 있다.

따라서 수 척의 일본 돌격선들은 조선의 기함을 사방에서 포위할 목적으로 양쪽으로 날개를 벌리며 우회하여 들어오려고 하였다. 그런데 바깥쪽으로 돌던 왜선들이 돌연 물속에 숨어 있던 암초에 걸리면서 기동 불가능 상태에 빠지고 말았다.

이때야 얕은 물속에 머리를 감추고 있는 무수히 많은 암초를 발견하고는 기함을 포위하려던 작전을 바꾸어 다시 중앙으로 재집결하게 되었다. 그런데 이런 왜선들을 보고 있으면서도 조선의 기함은 아무런 반응도 보이지 않고 그저 바라만 보고 있었다.

그러나 조금 더 가까워지자 좁은 물길을 가로막고 우뚝 서 있던 조선함대의 기함이 서서히 옆으로 돌더니, 종대로 덤벼드는 일본함대를 향해 지자포와 현자총통 등의 함재포를 발사하기 시작했다. 또한 동시에 갑판 위에 있던 병사들이 일제히 활과 총을 쏘아 대기 시작하자, 선봉에서 달려들던 전함이 단번에 불길에 휩싸여 버렸다.

조선함대는 우선 현자총통과 지자총통 등을 발사하여 일본군함의 기동력을 마비시킨 후, 곧이어 조란환(鳥卵丸)이라 불리는 새알 크기만 한 쇳덩어리를 한 번에 100~200개씩 산탄으로 발사하였다.

이순신의 기함 한쪽에서 한 번에 발사되는 조란환은 모두 약 2천 개나 되어 갑판 위에 노출된 왜병들은 순식간에 몰살당하고 말았다. 이런 전법을 이순신 제독은 합력사살(合力射殺)이라 하였다.

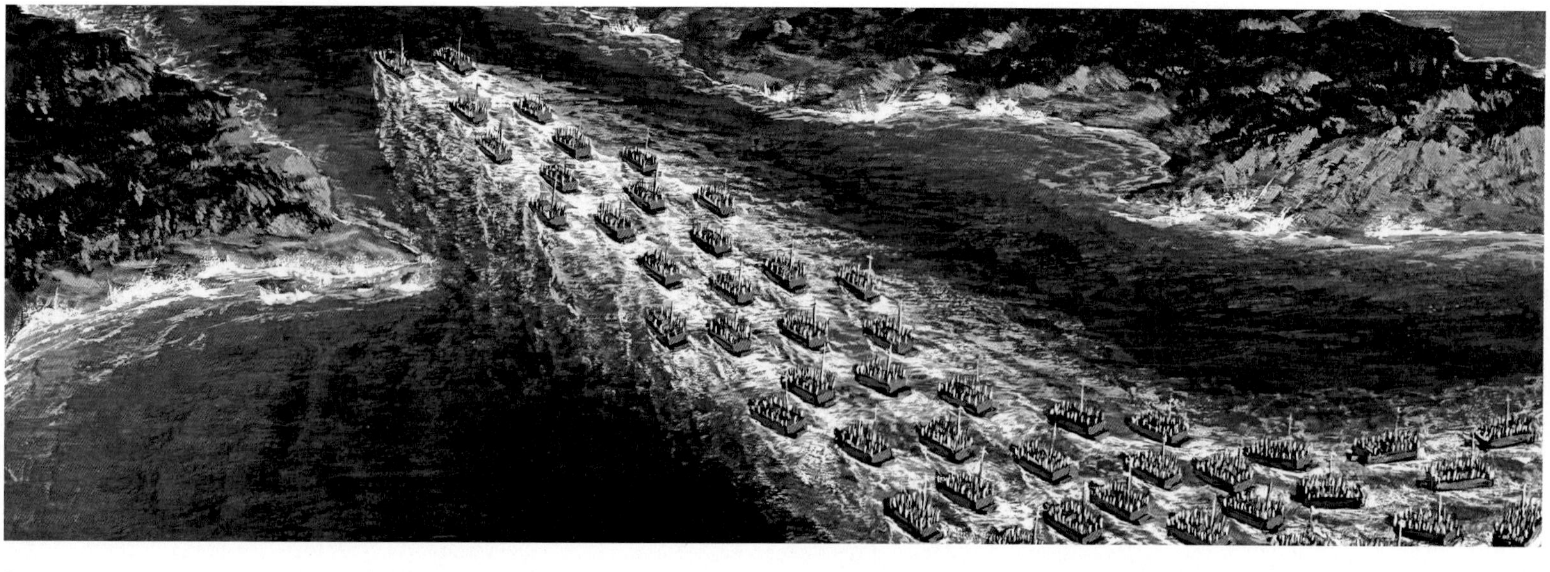

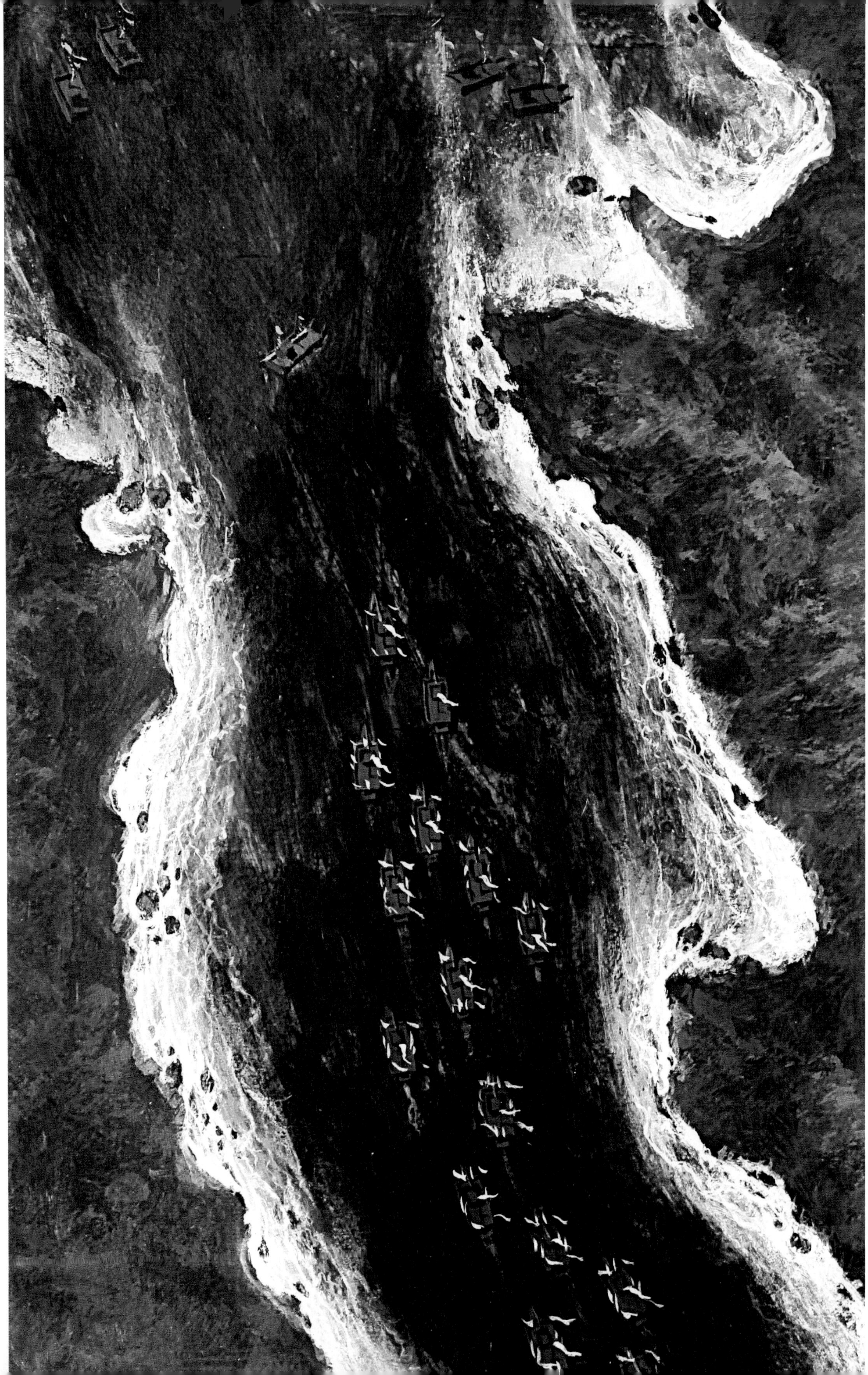

이순신은 벽파진 등에서 스스로 노출하고, 스스로의 이름을 내걸어 왜군의 전의를 불태웠으며, 해류의 방향이 불리한 시간을 선택해 왜군으로 하여금 미친 듯이 쫓아오도록 한 것이다. 그리고, 역습할 때까지 기함만으로 분전하며 불안에 떠는 조선해군에 자신감을 심어 주었다. 적과 아군 모두에게 심리와 전술, 전략을 한꺼번에 적용한 전장의 운용이었던 것이다.

앞장선 전함이 순식간에 지옥불에 휩싸여 처참한 지경이 되자, 후열의 전함들은 조선군함의 가공할 함포 사격에 소름이 끼쳤다. 그러나 그들은 뒤를 따르는 동료 함선들 때문에 뒤로 물러서고 싶어도 물러설 수가 없었다. 더군다나 물살이 그들을 조선함대 쪽으로 밀어주고 있어서 후퇴하기가 물리적으로도 쉬운 일이 아니었다.

전진해도 죽고 물러서도 죽게 된 선발 돌격선들은 결사적으로 달려들기 시작하였다. 그런데 조선의 나머지 함선들은 기함의 위기를 쳐다보고만 있을 뿐 도무지 움직일 생각을 하지 않았다.

조선 삼도수군통제사 이순신 제독의 기함이 홀로 적을 맞아 약 1시간 동안 결사전을 전개하며 왜 선단을 차례로 격침시켜 갔다.[5]

일본수군이 육박전을 겨냥하여 조총을 주로 사용한 데 비하여 조선해군은 대포를 주무기로 한 현대적인 함포전으로 일관하여 처음부터 상이한 전투양상을 보이고 있었다. 불과 1시간여의 싸움으로 일본군함 20여 척이 깨어졌으며 승선인원 대부분이 몰살당하였다. 그러나 뒤로 물러설 줄 모르는 일본 돌격선들이 접근에 성공하여 배 위로 기어오르기 시작하였다.

5) 제독의 기함이 홀로 적을 맞아 분전한 시간이 어느 정도인지 정확하게 기록된 것은 없다. 다만, 끊임없이 해협으로 몰려오는 적을 맞아 수비로 일관하며 맞서 싸운 시간은 조선 해군 쪽 즉 서쪽으로 흐르던 물살이 일본 해군 쪽으로 바뀔 때까지 약 5시간 내외이다. 해류가 동쪽으로 바뀌자 이순신 제독은 총공격하며 일본해군을 쫓으며 격파하기 시작한다.

6) 땅에 떨어지니 사기와 육군 출신이 반 수 이상이나 되는 이순신 제독의 수하들은 숫자를 셀 수조차 없는 일본의 전함에 겁을 먹고 있었다. 이에 이순신은 본격적인 공격에 앞서 이들을 쉬게 하는 동시에 자신감을 심어주기 위해 단독으로 순류를 타고 오는 적을 막으며 해류가 바뀔 때까지 시간을 보내고 있었던 것이다.

이때야 비로소 이순신 제독은 중군기(中軍旗)와 초요기(招搖旗)를 세워 중군장(中軍將) 김응함(金應諴)에게 자신의 기함을 지원하도록 하였다. 기함의 명령을 받은 중군장과 거제 현령 안위(安衛)가 즉각 그들의 함선을 몰아 일본함대 속으로 돌격해 들어갔다.

그동안 일본군의 공격에 수비로만 일관하던 조선수군이 마침내 공세를 취하기 시작한 것이다.

그러나 아직도 이들을 제외한 나머지 9척의 전함들은 기함의 명령을 주시하며 대기하고 있었다.[6]

전면에 나섰던 20여 척의 선봉전함들이 모조리 격파되자 드디어 적의 대장선이 노출되었다. 기록에 따르면 이 배에는 깃대 꼭대기에 새의 날개가 꽂혀 있었고 붉은 기가 매달려 있었으며, 누각 주위는 푸른 장막으로 둘러쳐져 있었다고 한다.

적장은 다락방 위에서 선봉 돌격 함대를 지휘하였던 것이다. 이순신 제독이 그의 기함을 빠르게 몰아 접근한 후 집중 함포 사격을 퍼부으니 일본의 대장선은 순식간에 화염에 휩싸였고 적의 대장은 바다로 떨어지고 말았다.

기함의 병사 김을손(金乙孫)이 적장을 끌어올려 보니, 그는 붉은 문양이 그려져 있는 화려한 비단옷을 입고 있었다. 형의 복수를 맹세하고 스스로 선봉대를 이끌고 달려들던 구루시마 미치후사였다.

미치후사의 목은 즉각 기함의 돛대 꼭대기에 매달렸고, 멀리서 이를 본 일본병사들은 사기가 크게 떨어졌다. 상대적으로 조선수군의 사기는 하늘을 찌를 듯하였다.

12시경에 시작된 해전은 어느새 3시간 정도 계속되었다. 서쪽으로 흐르던 물살도 서서히 바뀌어 동쪽으로 흐르더니 차츰 빨라지기 시작하였다.

앞으로 나가려는 일본군함들이 배의 균형을 유지하기 위하여 안간힘을 쓰면서 노 젓는데 모든 노력을 집중시키게 된 반면 조선함대는 물길을 따라 흐르면서 마음껏 적선을 공략하는데만 열중할 수 있었다. 바로 이순신 제독이 기다리고 기다렸던 공격 시간이 다가온 것이다.

마침내 이순신 제독의 기함에 전 함대의 총공격을 알리는 깃발이 올랐다. 기함을 주시하며 휴식을 취하던 9척의 전함들은 일제히 함포를 발사하며 달려들었다.

이순신의 기함 한 척에 진땀을 흘리며 3시간을 소모한 일본함대는 그만 혼비백산하여 뱃머리를 돌려 도망가려 하였다. 그러나 그것은 너무나 큰 실수였다. 전투 지원을 위해 후방에서 좁은 해협을 따라 올라오던 함선들과 배를 되돌려 탈출하려는 함선들이 서로 충돌하게 되었고, 이를 피하려다 양 옆의 암초에 걸려 침몰하는 등 막심한 피해를 입게 되었다.

적을 단번에 격멸시키기 위하여 물의 흐름이 가장 빠른 신시(申時)까지 전투를 질질 끌며 기다려 왔던 것이다. 이순신 제독의 절묘한 용병술이 극치를 이루며 세계 해전사상 전무후무한 대기록이 이루어지고 있었다.

일본함대는 서로 먼저 빠져 나가려는 다툼으로 인하여 연쇄적으로 좌충우돌하였고 또 해협의 양측 암초에 부딪혀 처절하게 파선되어 갔다.

무사히 빠져나간듯 싶었던 함선들도 시속 11노트라는 가공할 속도로 흐르는 물살을 타고 마치 나는 듯 추격해온 조선함대의 함포에 맞아 침몰되어 갔다.

이로써 일본함대는 궤멸되었다. 기록에 따라 격침 31척, 반파 92척이라 하기도 하고 100여 척이 침몰하고 90척만이 도망갔다고도 하였다. 어쨌든 이로써 수송선 200여 척으로 구성된 함대에 10만 대병을 싣고 서울로 직접 상륙하려던 일본군의 작전은 완전히 실패로 돌아가고 말았다. 일본은 불과 12척의 이순신함대에 의하여 333척의 일본 해군이 작전불능에 빠진 것이다.

그러나 무엇보다도 일본은 이순신이라는 조선의 호랑이가 버티고 있는 한 서해를 돌아 진격하려던 작전에 근본적인 수정을 가해야만 하였다.

명량해협은 일본군의 패잔선의 잔해와 전선에 승선했던 일본병사의 시체들로 뒤덮였고, 이를 바라보는 제독의 눈에서는 무슨 뜻인지 알 수 없는 눈물이 소리 없이 흘러내렸다. 이로써 이순신은 그에게 주어진 모든 임무를 완벽하게 수행해 냈다. 조국을 침략한 왜적들은 이제 곧 물러가지 않을 수 없을 것이다. 병참의 지원 없는 북진은 절대로 불가능하기 때문이다. 그것은 이미 평양 철수를 통해 고니시 유키나가가 경험했던 일이 아닌가!

명량대첩! 이것은 확실히 인류역사상 일찍이 없었던 대첩 중의 대첩이었다.

이 대첩을 통해 조선군은 수세에서 공세로 전환할 수 있었고, 반면에 그동안 승승장구 하던 왜군들은 스스로 남쪽으로 철수하지 않으면 안 되었다. 사실 조·일 7년 전쟁 중 명량해전 이후 진정한 해전은 없었다.

명량해전에서의 패전으로 인하여 일본군의 수륙 병진책은 무너졌고, 서울 침공을 눈앞에 두고 있던 일본군은 명량해전 4~5일 후인, 1597년 9월 20일 서울에서 불과 200리 떨어진 직산(稷山)과 보은(報恩) 지방으로부터 남해안을 향하여 총퇴각 하였다.

더욱이 불가사의(不可思議)한 것은 이 대해전에서 이순신함대의 손실이 단 한 척도 없었다는 점이다. 일본 측이 수만 명의 사상자를 낸 데 비하여 우리 측 희생자는 불과 34명에 불과하였다.

물론 이 해전 이후에도 전쟁은 계속되었다. 하지만 명량해전에서의 참패 쇼크로 인하여 일본의 대추장 도요토미 히데요시(豊臣秀吉)가 제 성질을 이기지 못하고 홧병으로 죽어버리자 이로부터 이미 조선에 들어와 있던 왜군들이 다시 제 나라로 되돌아가기 위한 처절한 몸부림이 시작되었다.

따라서 이때부터의 해전이란 그들의 탈출을 막고 일망

타진하려는 마치 독 안에 든 쥐를 잡기 위한 소탕전에 지나지 않았던 것이다.

때때로 왜군의 발악적인 저항이 여기저기서 산발적으로 있었고 또 비열한 왕 이연이 구걸하여 끌어들인 무능한 명군(明軍)들이 거드름 피우며 건방지게 전쟁의 초점을 흐리게 만들었으나, 그 모든 것도 역시 명량해전 이후 조선 정복의 야욕을 포기하고 퇴각하려는 일본군의 탈출기도와 그들을 일망타진하려는 조선군의 노력에 지나지 않았다.

혹자는 노량해전에서 이순신 제독이 전사했다고도 하고 죽음을 가장한 자살이라고도 하며, 또는 죽지 않고 살아 있었다고도 하여 혼란을 일으키고 있다.

그러나 명량해전을 통해 이순신은 제독으로서의 역량을 훌륭히 발휘하였고 또 조국을 절대절명의 위기에서 홀로 구해 내었다. 그 이후에 일어났던 사건들은 모두 명량해전의 영향일 뿐 이 같은 논쟁이 중요한 것은 아니다.

노량해전은 단지 조선을 탈출하려는 왜군들에 대한 소탕전이었지, 결코 적과 맞대적하여 적을 격파하고 승리를 쟁취한 해전은 아니었던 것이다.

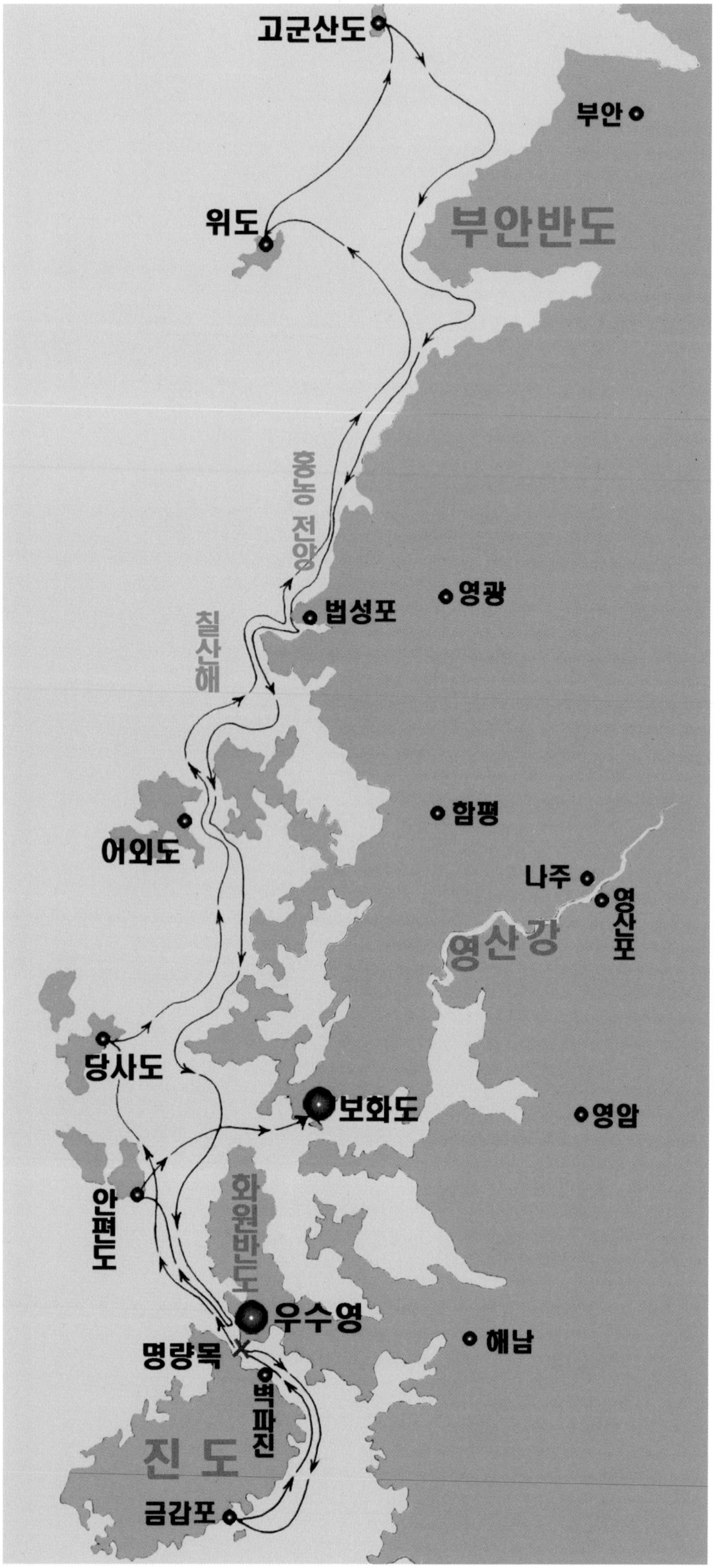

이순신 제독의 마지막 선택

명량해전에서 대첩을 이룬 이순신 제독은 우선 인근에 아직도 남아 있을지 모르는 잔적들을 소탕하기 위하여 진도 일대를 수색하였으나 그곳에는 이미 겁을 먹은 왜군들이 자취를 감추고 없었다.

이즈음 이순신과 그의 병사들은 혼신의 힘을 다했던 대해전의 후유증으로 극도의 피로에 시달리고 있었다. 그런데 바로 이때 이순신 제독은 또 하나의 놀라운 정보를 입수하게 된다. 왜적의 육군 선발대들이 9월 6일에 법성포를 점령했다는 것이다.

법성포라면 우수영 해군본부로부터 불과 3~4일이면 닿을 수 있는 거리였다. 이들은 일본의 해군작전과는 별도로 육군의 힘으로 이순신의 본영을 공격하라는 별도의 작전명령을 수행하는 중이었던 것이다.

이순신은 전 함대를 다시 출동시켜 법성포로 향하였다. 이순신의 기동함대가 법성포에 도착한 것은 9월 19일 늦은 저녁이었으니 왜적이 법성포를 유린한 지 불과 3일 만이었다. 그런데 이순신보다 한발 앞서 법성포의 왜장들은 명량해전에서 엄청난 병력 차이에도 참패했다는 소름끼치는 소식을 전달받고 크게 당황하고 있던 중이었다. 바로 이런 시기에 그처럼 무서운 이순신함대가 법성포 앞바다에 나타났던 것이다.

이순신은 기동함대를 일렬로 세우고 해안의 적진을 향하여 한차례의 일제 함포사격을 퍼부으며 강력한 함대시위를 전개하여 그들의 기를 꺾어 놓은 후, 법성포 앞바다에서 결진하고 그들을 노려보며 밤을 새웠다. 날이 새면 일제히 상륙하여 왜군을 도륙 내겠다는 일종의 심리전이었다. 이처럼 초전의 기싸움에서 밀린 왜병들은 슬그머니 꼬리를 내리고 그 밤이 새기 전에 모조리 도망쳐 버렸다.

명량 대해전에서 적선 133척을 격멸시킨 이순신 제독은 9월 17일부터 10월 28일까지 41일간에 걸쳐 서해 연안을 따라 이동하며 이러한 함대시위를 감행하며 적을 위협하는 고도의 계산된 심리전을 벌였는데, 그 결과는 그곳까지 진출했던 왜군들에게 엄청난 공포와 압박감을 주어 결국 다시 경상도 방면으로 철수시키는 결과를 가져왔다.

일단 서해안의 왜적들을 쫓아내는 데 성공한 이순신은 해군기지를 보화도로 옮기고 그곳에 조선소를 세운 후, 조선공(造船工)들과 휘하의 군관민을 총동원하여 함대 재건(再建)에 전력한다.

그런데 이순신은 조선해군을 재건하는 데 필요한 함선

이외에도 그 배에 장착할 무기도 손수 제작해야 했다. 이를 위해선 동과 철, 유황, 화약 등등 노력만으로 조달할 수 없는 것들이 많았고, 이것들은 결국 사들여야 하는데 그러기 위해서는 돈이 필요했다.

그런데도 왕은 그것을 위한 지원에는 인색하기 짝이 없었다. 이런 상황에서 이순신이 생각해 낸 것은 소금을 자체 생산하고 이를 팔아서 돈을 만든 후 그 돈으로 필요한 군수품을 사들이는 방법이었다. 결국 이순신은 쌀농사로 군량을 자체 조달하고, 소금생산으로 무기제작에 필요한 필수품을 마련하며, 또 한편으로는 적과 대적해야 했으니 이를 어찌 선조의 군대라 할 수 있을 것인가?

'난중일기초'의 기록에 의하면 10월 13일을 기하여 13개의 염전을 만들었고, 김종려(金宗麗)를 감자도감검(監煮都監檢)에 임명하여 소금 증산을 감독하게 하였다.[7]

이순신과 그의 병사들이 모두가 한마음이 되어 원균이 말아먹은 조선의 함대를 재건하는 피눈물 나는 노력이 결실을 맺어 불과 108일 만에 29척의 새로운 전선을 진수시키는 기적을 창조해 낸다.

이로써 이순신함대는 기존에 가지고 있던 전선 13척을 합하여 모두 42척으로 증강 되었고 수병들도 8,000여 명을 확보하게 되었다. 마침내 이순신의 기동함대가 다시 불사조같이 재건되어 막강한 힘을 갖게 된 것이다. 이제는 왜적 함대와 정면승부를 걸어볼 만한 자신도 얻게 되었다.

1598년 2월 18일, 제독은 새롭게 편성된 그의 함대를 이끌고 왜적과의 대치 거리를 좁히며 고금도(古今島)로 옮겨갔다. 이곳 고금도에서 왜장 고니시 유키나가(小西行長)가 있는 왜교(倭橋)까지는 불과 140km였다.

고니시는 벌써 순천의 왜교에 견고한 왜성(倭城)을 지어놓고 조선의 남부에 흩어져 있던 병력을 총집결하여 무려 15,000여 명의 정예 병력과 대형선박 수십 척을 보유하고 있었다. 그런데도 이순신은 불과 8천명의 병력으로 고금도에 해군본부를 설치하고 바다로 통하는 출구를 철저히 봉쇄하였다.

이순신이 이처럼 조선해군의 재건사업을 착착 진행시켜 그 결실을 맺고 자신감을 얻어갈 때, 조선의 국왕 이연은 명나라에 구걸하여 소위 천장(天將)이라는 명국의 수군 장수 진린(陳璘)을 보내면서, 통제사 이순신은 그의 지휘를 받으라는 명(命)을 함께 보내왔다.

이때 진린이 끌고 온 명국 수군의 규모를 보면 사선(沙船, 槁船) 25척, 호선(號船) 77척, 비해선(飛海船) 17척, 잔선(剗船) 9척에 병력은 중국에서 가장 정예라는 광동(廣東)수군

5,000여 명이었다. 이 중 주력전투함은 사선인데 약 100여 명이 승선할 수 있고, 중선인 호선에는 약 30여 명이 탑승한다고 한다. 그리고 비해선은 쾌속정탐선이고, 협선은 작은 연락선 정도이니, 천자국의 대함대라고 요란하게 허풍을 떨었지만 그 규모 면에서 보면 이순신함대의 반에도 못 미치는 초라한 규모였다.

이따위의 전선으로 어찌 200여 명이 승선하는 일본의 최신형 안택선과 상대할 것인가. 이것이 천자국 대명 수군의 실체였다면 허풍이 빠진 그들 수군의 전력은 조선이나 일본의 수군에 비해 마치 어른과 아이의 차이였다.

사실 대륙국인 명나라의 해군력이 3면이 바다로 둘러싸인 조선이나 섬인 일본에 비하여 그 규모나 수준이 모두 뒤떨어진 것은 여러 경로를 통하여 확인할 수 있다.

아무튼 겨우 이런 정도의 지원을 받으려고 그동안 그처럼 비굴하게 머리를 조아리며 상국으로 모셔왔단 말인가? 어찌됐던 그들이 조선을 구하겠다는 명분을 들고 바다 건너 왔으므로 이순신 제독도 처음에는 명국수군의 뜻을 높이 평가하고 이들을 정중히 대했다.

그런데 진린의 태도가 대단히 교만하고 건방지기 짝이 없어 조선인 대하기를 마치 노예처럼 함부로 대할 뿐만 아니라, 그의 부하들마저 살인과 약탈, 유부녀 강간 등을 마구 저지르는 데도 조선의 관리들은 항변도 제대로 못하고 전전긍긍하였다.

그러고는 사사건건 이순신 제독과 충돌하여 오히려 작전의 수행에 방해만 되고 있었다. 이 모두가 명국 왕을 하늘로 모시고 그 신하를 자처하는 조선의 못난 왕이 그들이 뜻을 거스르지 말도록 이순신의 행동에 족쇄를 채웠기 때문이었다.

7) 당시의 소금 제조법은 요즘 같이 천일 염전식이 아니고 가마솥에 바닷물을 넣고 불을 때워 수분을 증발시키는 염자방식(鹽煮法)이어서 소금 값이 매우 비쌌다. 그래서 소금을 소금(小金)이라도 하였다.

대복선(大福船)
명(明)나라 복건성(福建省)에서 건조했던 남해 해군의 주력선을 다시 만든 모형(模型)

그러나 더 이상 명국수군의 개 같은 행동을 두고 볼 수가 없다고 판단한 이순신은 먼저 자신의 부하와 백성들을 보호하는 것이 자신의 책무라고 생각하고 또 한 번 국왕의 어명(御命)을 거역하는 결단을 내린다. 이순신이 진린을 찾아가 명국수군과의 동맹관계를 끊고, 조선군은 독자적으로 작전을 전개할 것이며, 그동안 조선해군이 명국수군에 조달하였던 식량 제공도 이것으로 끊어 버릴 것이라는 결별 선언을 한 것이다.

이러한 이순신의 행동은, 적이 흘려준 정보를 믿고 적의 함정 속으로 들어가라는 명령을 따르지 않았다고 "왕명을 없수이 여긴 죄"라며 죽이려고까지 했던 왕 이연에게 또 하나의 트집거리를 줄 수 있는 위험한 행위였다.

그동안 왜적 못지않게 떼거리로 몰려다니며 마치 굶주렸던 거지떼처럼 갖은 못된 짓을 마구 자행하는 명국군의 행패를 보면서도 조선의 관리들은 그저 못 본 채 얼굴을 돌리곤 하였다. 그럼에도 이순신은 또다시 목숨을 걸고 소위 천자의 신하장수라는 진린에 맞서 그들의 잘못을 통렬히 꾸짖고 동맹파기라는 월권적 행동을 거침없이 선언하였던 것이다.

이순신의 대담한 도전에 진린은 당황했다. 지난 6월 25일, 진린은 그의 수군함대를 이끌고 한강의 동작나루에 도착했었다.

그러자 바로 다음 날인 6월 26일 왕 이연은 진린을 환영하는 만찬연을 열었다.

그런데 이 자리에서 소위 조선의 국왕이라는 자가 일개의 명국 수군 장수에게 비굴하게 아첨하는 모습을 보이자 이에 우쭐한 진린이 조선왕은 안중에도 없는 듯 "배신(陪臣)들의 잘못은 모조리 군법(軍法)으로 다스릴 것"이라며 마치 자신에게 조선의 대신들을 처벌할 권리가 있는 듯 선언하였었다.

이러한 굴욕을 당하면서도 왕을 비롯한 그 신하들 중 누구 하나 일어나 항의하는 자가 없었다. 그런데 일개의 수군통제사 이순신이 감히 천자의 장수에게 이처럼 대담한 도전장을 내밀다니 이는 이미 죽음을 각오하지 않고는 있을 수 없는 행동이었다.

이때 진린은 이순신이 이미 잘못된 어명을 어기고 죽음의 문턱에서 갔다가 돌아왔다는 이야기를 떠올렸다. 그리고 "과연 이순신은 불의를 용납할 줄 모르고, 자신이 옳다고 판단한 신념을 꺾을 줄 모르는 올곧은 인물이다"라고 생각한 진린은 노여움에 앞서 그를 두려워하는 마음과 존경하는 마음이 동시에 일어났다. 그러자 진린은 갑자기 비굴한 웃음을 띠고 이순신에게 정중히 사과했으며 재발 방지에 최선을 다할 것을 굳게 맹세하였다.

그럼에도 불구하고 진린은 천성이 포악하고 욕심이 많은 자였다. 전쟁에서는 항상 뒤로 쳐져 자신의 안전을 지켰으며 전공을 논할 때는 남의 공을 가로채는 데 서슴지 않는 파렴치한 인물이었다.

이 당시 이순신 제독은 불과 300리 거리에 강력한 왜적을 두고 팽팽한 긴장을 유지하면서, 국왕의 뜻을 받들어 백해무익한 명국 장수 진린을 천장으로 받들어 모셔야했다. 이런 와중에서도 함선을 계속 증선시키는 작업에 밤낮없이 매달렸다. 그 결과, 이순신함대는 1598년 7월 중순에 85척의 전선을 보유한 당당한 막강함대로 거듭 태어나게 된다.

그런데 불과 사흘 뒤인 1598년 7월 18일, 녹도만호 송여종은 왜선 100여 척이 녹도로 쳐들어 왔다고 보고하였다. 이순신은 즉시 새롭게 증강된 함대를 이끌고 금당도(金堂島)로 출동하였다. 그러자 명국수장 진린은 마지못해 이순신함대의 후미를 따라왔다.

다음 날 7월 19일 이른 새벽, 왜선의 동태를 감시하던 녹도만호 송여종은 왜적들 2만여 명이 100여 척의 전선에 분승하고 녹도를 출항하여 가만히 금당도로 향하는 것을 발견하고 즉각 제독에게 보고하여 왔다. 이에 이순

신은 먼저 두려움에 떨고 있는 명국 장수 진린을 섬의 높은 곳으로 올라가 안전하게 조선함대가 해전을 하는 것을 구경만 하도록 배려하였다.

그리고 그 자신은 전 함대의 진형을 학익진(鶴翼陣)으로 하여 기다렸다가, 어란진 형태로 밀집하여 들어오는 왜선들을 가운데로 몰아넣고 집중포화를 퍼 부어 순식간에 왜선들을 격멸시켰다. 이 싸움의 결과 일본 해군함대 전선의 대부분이 이순신함대의 함포 작전에 걸려 참담한 피해를 입었는데, 그중 50여 척은 그 자리에서 완파 내지 침몰당하면서 왜병 1만 6,690명 정도가 함께 도살되었고, 나머지는 반파(半破) 이상의 피해를 안고 필사적으로 도망쳐 왜교로 들어가 버렸다.

이 싸움을 처음부터 끝까지 산위에서 관전한 명나라의 해군제독 진린은 비로소 그동안 소문으로만 듣던 이순신 제독의 절묘한 함대 운용술의 실체를 확인하게 된다.

한편 이순신 제독은 원균 함대의 전멸로 일본에 빼앗겼던 남해도 이서의 제해권을 완전히 장악하게 되어 눈앞의 적을 공격함에 있어서 더 이상 배후로부터 적의 공격을 받을 걱정을 할 필요가 없게 되었다.

그런데 이순신은 진린에게 막강 조선해군의 힘을 과시하여 그들의 높은 콧대를 꺾어 놓는 데는 성공을 거두었으나, 이 일로 인하여 큰 곤경에 빠지게 된다.

그것은 이순신함대의 막강한 힘을 진린이 목격하게 됨으로써, 자신을 잃은 진린이 자신들과 비교될 수 있는 조선수군과의 연합작전을 극구 회피할 뿐만이 아니라 나중에는 아예 이순신의 단독 출동조차도 못하게 갖은 방법을 다 동원하여 방해공작을 펼쳤던 것이다.

그러던 중 10월 3일을 기하여 수륙 합동작전으로 왜교성의 고니시군을 공격하자는 명국 육군장군 유정의 밀서가 들어 왔다.

이제는 제 아무리 겁쟁이 진린이라도 더 이상 출동을 피할 수는 없게 되었다. 마지못해 조·명 연합군의 왜교 탈환 작전에 참여하기로 결정한 수군도독 진린은 그래도 명색이 한 나라의 수군제독으로서 생각할 수도 없는 상식 밖의 행동을 하는데, 그것은 제가 지휘해야 할 명국해군의 기함을 버리고 조선해군의 판옥선을 한 척 빌려 탄 후 비로소 출전 명령을 내렸다는 것이다.

소위 대국이라고 큰 소리치며 끌고 온 대명제국의 함선이 부실하다고 크고 튼튼한 조선의 전선을 타고 제 나라의 함대를 지휘하는 우스운 꼴을 과연 어떻게 해석해야 할 것인가?

일반적 상식에 근거하여 그래도 대명제국의 수군도독이 제 기함을 버리고 조선의 배를 빌려타고 전장에 나갔겠는가 의심할 수 있다. 그런데 이와 같은 사실은 '선묘중흥지(宣廟中興誌)'에 자세히 나와 있다. 또 도체찰사의 자격으로 왜교 근처에 있었던 이덕형(李德馨)의 증언을 기록한 '선조실록(宣祖實錄)' 선조 32년 2월의 대신회의에 의하면,

> "…당선(唐船,明鞠戰船)이 선체가 왜소하여 부총병 등자룡(登子龍)[8]과 수군도독 진린(陳璘)[9]이 우리 판옥선을 타고 참전하였고…."

라고 기록하여 위의 사실을 확인시키고 있다.

아무튼 이는 당시 전선을 만드는 조선(朝鮮)의 조선술(造船術)이 명나라나 일본의 그것에 비하여 월등히 앞섰음을 증명하는 또 하나의 사례이다. 또한 이로써 이순신함대 백전백승의 신화에는 조선군선의 우수한 성능도 크게 한몫했음을 알게 한다.

임진(壬辰) 조·일 전쟁에서 이순신함대에게 참패한 일본 해군이 새로 개량하여, 정유(丁酉)전쟁 때 투입한 대형 안택선(安宅船)의 모형

이순신함대의 주력 판옥선(板屋船)의 모형

8) 제 나라 배의 성능을 믿지 못하고 조선의 전선 함평(咸平)소속 전함을 빌려 타고 출전한 부총병 등자룡은 배의 운용에 미숙함을 드러내며 왜선에 의하여 포위 격침당하면서 함께 죽었다.

9) 진린이 빌려간 배의 소속은 알 수 없으나 이순신의 도움으로 구사일생으로 돌아왔다.

장군의 죽음

조선 전선의 우수성은 10월 3일 조·명 연합함대가 처음으로 전개했던 본격적인 왜교 탈환 작전에서 극명하게 나타났다.

이날 초저녁부터 시작된 작전에는, 조선을 구원해 주겠다고 갖은 생색을 다 내며 온갖 거만을 다 떨던 명국의 진린 함대가 처음으로 이순신함대와 나란히 싸움에 참여하였다. 이 싸움은 밤 12시까지 약 6시간 진행되었다.

그런데 싸움이 끝나고 보니 이순신함대의 손실은 단 한 척도 없었는 데 반하여, 명나라 함선은 무려 49척의 전선이 격침되었고 이 전선에 승선했던 2,500명의 군사들이 왜군들에게 포로가 되었거나 목숨을 잃고 돌아오지 못했던 것이다. 난중일기에 의하면 이날 무사히 생환한 명국의 수군군사는 불과 140명에 불과했다고 하였다.

또 제 나라의 군함을 믿지 못하고 굳이 조선의 판옥선을 빌려 타고 출전했던 진린 제독은 이순신의 결사적인 구명활동 덕분에 구사일생으로 목숨을 건져 돌아왔다. 그러나 명국은 전선 총 77척 중에서 주력전함인 사선 25척 중 19척을 단 한 번의 해전으로 잃게 되어, 이후 명국 해군은 유명무실(有名無實)하게 되었다.

1598년 11월 18일 밤 10시, 이순신 제독은 이날 저녁 6시경 노량에 무수한 일본함대가 집결했다는 정보를 얻었다. 이제 조·일 전쟁의 대미를 장식할 순간이 도래한 것이었다.

이순신 제독은 마지막 출동에 앞서 이번 해전으로 조선 침략의 최선봉에 섰던 고니시 군이 살아 돌아갈 수 없도록 응징하고, 두 번 다시 이 땅을 넘볼 수 없도록 철저한 징계를 왜적들에게 남겨야 할 것이라고 역설한다.

그럼 이순신 제독은 무슨 이유에서 이것이 마지막 전투라고 생각하고 있었을까? 그것은 그로부터 꼭 석 달 전인 8월 18일에 조선침략의 원흉이며 악귀의 화신인 일본의 대추장 도요토미 히데요시가 이순신이라고 하는 마지막 장벽을 넘지 못하고, 홧병으로 피를 토하며 교토의 후시미죠(伏見城)에서 63세를 일기로 급사한 사실을 제독이 미리 알고 있었던 데서 기인한다.

일본의 다섯 다이로들은 히데요시의 죽음을 비밀에 붙이고 조선에 주둔한 전 일본군의 본국 철수를 지시하였지만, 조선 주둔 왜장들은 이미 그들의 정보망을 통하여 이와 같은 사실을 알고 있었다.

순천지구의 고니시는 조금 늦은 11월 7일에야 이 소식을 들었는데, 더욱 고니시를 놀라게 한 사실은 처음부터 조선 침공군의 선봉을 경쟁했던 제2군의 가토 기요마사(加藤清正)가 정식 철군명령이 도달하기도 전에 벌써 부하들을 이끌고 일본으로 도망쳐 버렸다는 것이었다.

따라서 남아있던 왜장들은 모두 일본으로 떠난 배들이 돌아올 때를 기다려야 했으며 모든 상황을 종합하여 11월 15일을 철수완료 시기로 잡아두고 있었던 것이다.

이에 따라 고니시도 부하들을 모조리 왜성으로 모아 바다로 탈출을 시도하는데, 이를 눈치 챈 이순신 제독이 탈출 수로를 철저히 봉쇄하여 틈을 보이지 않고 있었던 것이다.

다른 방법을 찾을 수 없던 고니시는 수군도독 진린과 이순신 제독에게 엄청난 금은보화를 뇌물로 주며 탈출을 눈감아 주도록 애걸하였다. 그러나 이에 분개한 이순신이 "내가 함께 죽는 한이 있더라도 조선에 들어온 너희들의 배는 단 한척도 돌려보낼 수 없다(片帆不返 與賊同死)."고 호통을 쳐 내쫓은 반면, 진린은 뇌물을 받아먹고 왜선의 탈출에 협력을 약속하였다.

그런데 문제는 이순신함대가 탈출로의 목을 쥐고 있고, 진린의 패잔함대는 그 후위에 있으므로 우선 이순신함대의 봉쇄망을 뚫고 나가는 것이 문제였다. 이제 고니시에게 남아 있는 선택의 여지는 아무것도 없게 되었다.

순천에서 부산에 이르는 육로는 벌써 조·명 연합군에 의하여 끊어져 있었고, 남아 있는 마지막 선택은 바다로의 탈출뿐인데, 이를 위해서 필사적인 해전을 벌이면서 그틈을 빠져 나가는 탈출 작전을 시도해 보기로 하고 아직 남해에 남아 있는 일본함대를 모조리 노량 앞바다로 불러들였다. 이에 따라 시마즈 요시히로(島津義弘), 소오 요시토시(宗義智), 다치바나 무네시게(立花宗茂) 등의 일본대장들이 이끄는 함대가 노량으로 총집결하였다.

이리하여 조·일 7년 전쟁의 마지막을 장식할 최후의 해전에 참전할 당사자들이 모두 노량 앞바다에 진을 치기 시작했다. 이 노량해전에 참전한 조선 측의 함선은 이순신함대 83척이다. 원래 이순신함대 소속의 함선은 총 85척이었으나 명국 수군도독 진린과 부총병 등자룡이 한 척씩 빌려갔으므로 제독의 지휘를 받는 전선은 모두 83척의 군선에 약 17,000명의 수병이었다.

이에 더하여 쓸모는 없지만 연합군으로 표현할 수밖에 없는 명국수군이 있었다.

이들은 도독 진린과 부총병 등자룡이 타고 있는 이순신의 판옥선 두 척을 포함하여 그들이 가지고 온 명국배 사선 6척과 호선 57척에 병력 2,500명 정도로 일선에서 약 10리쯤 뒤떨어진 죽도에 진을 치고 있었다.

이에 맞서는 일본함대는 바다에서는 최고의 맹장이라는 사츠마군(薩摩軍)의 시즈마 요시히로를 위시하여, 대마도 해적의 두목 고니시의 사위인 소오 요시토시, 그리고 다치바나 무네시게의 연합함대 약 300여 척에 60,000명의 병사들이 승선하고 있었다.

1598년 11월 19일 새벽 4시, 이순신 제독은 왜교 앞 바다를 지키던 함대를 움직여 노량으로 들어와 결진하고 있던 적 함대를 급습하여 일대의 격전을 벌인다.

한국 사람이라면 이때의 해전을 노량해전이라고 부르며 그 전개과정을 모르는 사람이 없을 것이다. 따라서 본서는 이때의 싸움을 일본연합함대의 총사령관 격인 살마군의 시즈마 요시히로의 종군기록인 인변진원(淵邊眞元) '고려군각서(高麗軍覺書)'의 관련 부분 내용만 간추려 인용하여 보기로 한다.

"이른 새벽 바다에 짙은 안개가 끼어 사방 분별이 어려울 때 우리 함대는 가만히 고니시를 구하기 위하여 움직였다. 그런데 돌연 적선들이 나타나 공격을 가해왔다. 적들은 어립선(御立船: 시즈마가 승선한 기함)을 집중공격하며 마구 활과 대포를 쏘아 우리 병사들을 죽였으며, 가까이 접근하여 불이 붙은 연초호(烟硝壺)를 발사하여 우리 배가 불길에 휩싸이게 되었다.

이리하여 많은 병사들이 불길을 피하여 물속으로 뛰어들어 갔는데 적들은 이들을 긴 창과 장도로 쳐 죽였으며 거리가 멀면 활을 쏘아 죽였다."

"어립선도 아주 위험에 빠졌는데 배의 방패는 모두 부서지고, 무수한 화살이 날아 들었는데 대장을 둘러싼 시자들이 목숨을 던지며 그를 보호하였으므로 유신공〈시즈마 요시히로〉은 겨우 사지를 벗어나 당도(唐島)로 건너갈 수 있었다."

이제 다시 '선묘중흥지'의 기록을 보자.

"이순신함대의 기습공격에 왜선들이 크게 흩어졌는데 그 중 주력부대가 다급한 나머지 관음포안으로 들어갔고 이를 본 이순신함대가 입구를 가로 막아섰다. 그러자 사방이 막혀 도망갈 길이 없음을 발견한 왜선들은 되돌아 나오며 발악적으로 싸웠다.

이순신함대는 그들을 몰아놓고 집중포화로 격멸시켜 갔는데 그들의 수효가 너무 많아서 그 자리에서 격침시킨 함선이 약 200척이고 반파(半破)되었으나 가라앉지 않고 그 자리를 벗어 난 것이 약 100여 척 정도라고 하였다. 그러나 상황이 급박하여 파손된 선박을 수리할 시간이 없었으므로 온전히 살아 도망친 것이 약 50척도 못 되었을 것이다."

새벽 4시경에 시작된 이 노량해전은 같은 날 아침 새벽 동이 튼 후 거의 끝났다. 약 4시간 정도의 격전이었다. 이미 관음포안은 부서져 불타는 왜선들의 연기로 지척을 분간할 수 없을 지경이 되었고, 이제 남은 일은 기동불능의 적선을 하나하나 불태워 침몰시키는 소탕전뿐이었다.

바로 이때 기적적으로 만의 봉쇄망을 뚫고 탈출한 배들 중 한쪽이 이미 기울어진 상태로 뒤쳐져서 안간힘을 다하며 도망가던 왜선이 있었다. 이를 바라보던 이순신 제독은 갑자기 북채를 빼앗아 손수 치면서 기함을 전속력으로 기동하여 뒤처진 왜선을 추격하게 하였다.

일단 기함이 속도를 붙이며 반파된 왜선을 따라 잡자 왜선은 공포의 도가니에 빠져들었다.

제독의 뜻이 적선을 나포하는 데 있다고 판단한 병사들은 왜선을 끌어당기기 위하여 긴 장병겸(長柄鎌)을 꺼내 들었는데, 돌연 이순신 제독이 뱃머리로 달려 나오며 뱃머리에 우뚝 서서 적선을 노려보았다.

이에 왜병들은 뱃바닥에 엎드리며 제독을 향해 조준하고 조총을 발사했다. 총알은 정확하게 제독의 가슴을 뚫고 관통하였다. 제독이 총탄에 쓰러지자 이에 놀란 측근들이 급히 달려들어 제독을 부축하여 장막 속으로 옮겼다. 그때 그는 "지금은 싸움이 급하니 내 죽음을 발설하지 말라"라는 유언을 남기고 곧 운명하였다. 제독의 나이 만 53세였다.

성웅(聖雄)으로 남다

다음은 군사 전문가이며 구국의 명장 이순신을 저술한 최석남(崔碩男)씨가 계산한 것으로 조·일 7년 전쟁 중 이순신 제독이 해전만으로 이룩한 불가사의한 전과 대비 기록이다.

일본함대 측 손실
- 격침 , 혹은 나포된 일본군선: 총 935척
- 해전으로 희생당한 일본 병사: 총 12만 6,380명

이순신함대 손실
- 해전으로 잃은 전선: 총 1척
- 전사 및 전상자: 총 1,022명

한편, 왜교의 고니시는 자기를 구하러 온 일본의 연합함대가 이순신함대에 걸려 악전고투(惡戰苦鬪)하며 죽어가는 사이, 그동안 비밀리에 준비했던 쾌속선을 타고 몰래 빠져나와 이미 매수해 놓은 명국의 진린 함대를 뚫고 멀리 파도가 거친 외항으로 돌아 부산포로 탈출하는 데 성공하였다.

저를 살리려 달려와 죽어가는 전우들은 아랑곳 않고, 혼자만 살려고 도망가는 고니시 유키나가, 그는 과연 일본이 자랑하는 사무라이(侍者)였는가?

고니시 유키나가는 이순신함대의 추격을 염려하여 부산포에 도착하자마자 모든 잔존 선박들과 병졸들을 허겁지겁 모아 불과 나흘 만에 귀국을 서두르니 일본의 마지막 배가 부산포를 떠난 것은 노량해전으로부터 일주일도 못 되는 1598년 11월 26일이었다.

일본은 임진년(壬辰年)에 시작한 조·일전쟁 7년간에 걸쳐 무려 20만 명 이상의 원혼들을 한국에 남겨 놓고 떠나갔지만, 그동안에 귀중한 우리의 역사서들과 수많은 조선의 보물들을 훔쳐 갔고, 아울러 조선의 기술자들을 무차별로 납치하여 감으로써 일본을 일류 문화재 생산국으로 만드는 데 성공하였다.

일본이 이순신과 조선해군을 얼마나 무서워했는지는 조·일 7년 전쟁 이후 1876년 구한말의 강화도 조약이 체결될 때까지 근 300여 년 동안 그리도 극성맞던 왜구들조차 우리나라 해안에는 얼씬도 하지 않았다는 사실에서도 알 수 있다.

한편, 백성들로부터 흠모의 대상이 된 이순신을 보며 질투의 화신(化身)으로 변하여 전쟁만 끝나면 이순신에게 무슨 죄든 뒤집어 씌워 죽이려고 작정했던 간악한 조선왕 이연은 이순신 제독이 전쟁 중에 스스로 전사해 버

림으로써 황당하게 되었다. 이미 죽어버린 이순신을 불러내어 트집을 걸기에는 구국의 영웅을 흠모하는 수많은 눈이 있었다.

마지못해 이순신에게 민심 수습 차원의 벼슬을 내릴 수밖에 없음을 깨달은 이 졸렬한 왕은 그를 조선해군을 한 손으로 말아먹은 원균과 동격으로 대우하여 의정부(議政府) 우의정(右議政)이라는 영예의 칭호를 주었다가 6년이 지나 그의 심기가 좀 가라앉자 의정부 좌의정(左議政)과 덕풍부원군(德豊府院君)을 추가로 봉하는 것으로 끝냈다.

이순신이 군인으로서 최고의 영예인 '충무공(忠武公)'의 시호(諡號)를 받은 것은 조선 16대왕 인조(仁祖)에 의해서였다.

한국인이라면 이순신의 죽음이 명예스러운 전사(戰死)로 인식되기를 바라는 마음이 누구에게나 있다. 그러나 위대한 제독의 업적을 깊이 파고들어 연구하면 할수록 이 고독한 영웅을 역적으로 몰아 죽이려는 왕 이연과 왕의 사돈인 행중추부사 윤두수(尹斗壽) 등 간신배들의 교활한 획책에 분노하는 마음을 누를 수가 없게 된다.

이순신 제독이 스스로 전사하지 않았더라면 아마도 왕 이연에 의하여 역적의 죄명을 쓰고 삼족을 멸하는 처벌에 이르렀을 것은 너무나도 분명하였다. 왜냐하면 그자는 이미 곽재우(郭再祐)와 같이 왜병을 무찔렀던 의병대장 익호장군(翼虎將軍) 김덕령(金德齡)을 잡아 고문하여 때려죽인 범인이었기 때문이다.

따라서 영민한 이순신이 유성룡이 영의정의 벼슬에 있을 때에도, 이미 한차례 자신을 죽이려고 비망기(備忘記)까지 내려가며 갖은 고문을 자행한 왕 이연의 암수를 모를 리 없었다. 게다가 마지막 죽음의 싸움이었던 노량해전이 있기 불과 40일 전에 그나마 자신의 방패막이가 되어주던 유성룡이 결국 파당싸움에 밀려 영의정직에서 파직 당하고 말았던 것이다.

북인(北人)들과 서인(西人)들이 서로 결탁하여 왕을 등에 업고 남인(南人)의 영수 유성룡을 더러운 당쟁에서 밀어내고 벼슬까지 빼앗았다면, 유성룡이 천거한 자신을 그냥 놓아둘 리 있겠는가? 이로써 이순신은 자신에게 닥친 운명이 너무나 명확하게 정해졌음을 깨달았다. 이제 남은 전쟁은 자신이 이끄는 기동함대에 의하여 남해의 제해권을 다시 장악할 것이 분명하고, 이에 견딜 수 없게 된 일본군은 스스로 쫓겨 가지 않으면 안 될 것이다. 따라서 전쟁은 길어봐야 몇 개월을 넘기지 않을 것이다.

전쟁이 끝나면 더 이상 장군은 쓸모가 없게 될 것이고, 적당한 때나 트집거리가 잡히면 왕의 칼끝이 반드시 자신의 목을 향할 것이 너무나 분명하였다. 따라서 이순신 제독의 마지막 선택은 전쟁을 끝내는 마지막 싸움에서 마지막 승리를 쟁취하고 더 이상 왜병들의 반격이 없을 것을 확신하는 마지막 순간에 최후의 적선에 다가가 스스로 적의 총을 맞고 전사함으로 그의 명예를 지켜 냈을 뿐만 아니라, 덕수이씨(德水李氏) 집안을 멸문(滅門)의 위기로부터 구해냈던 것이다. 우리는 이렇게 민족최고의 영웅을 잃었다.

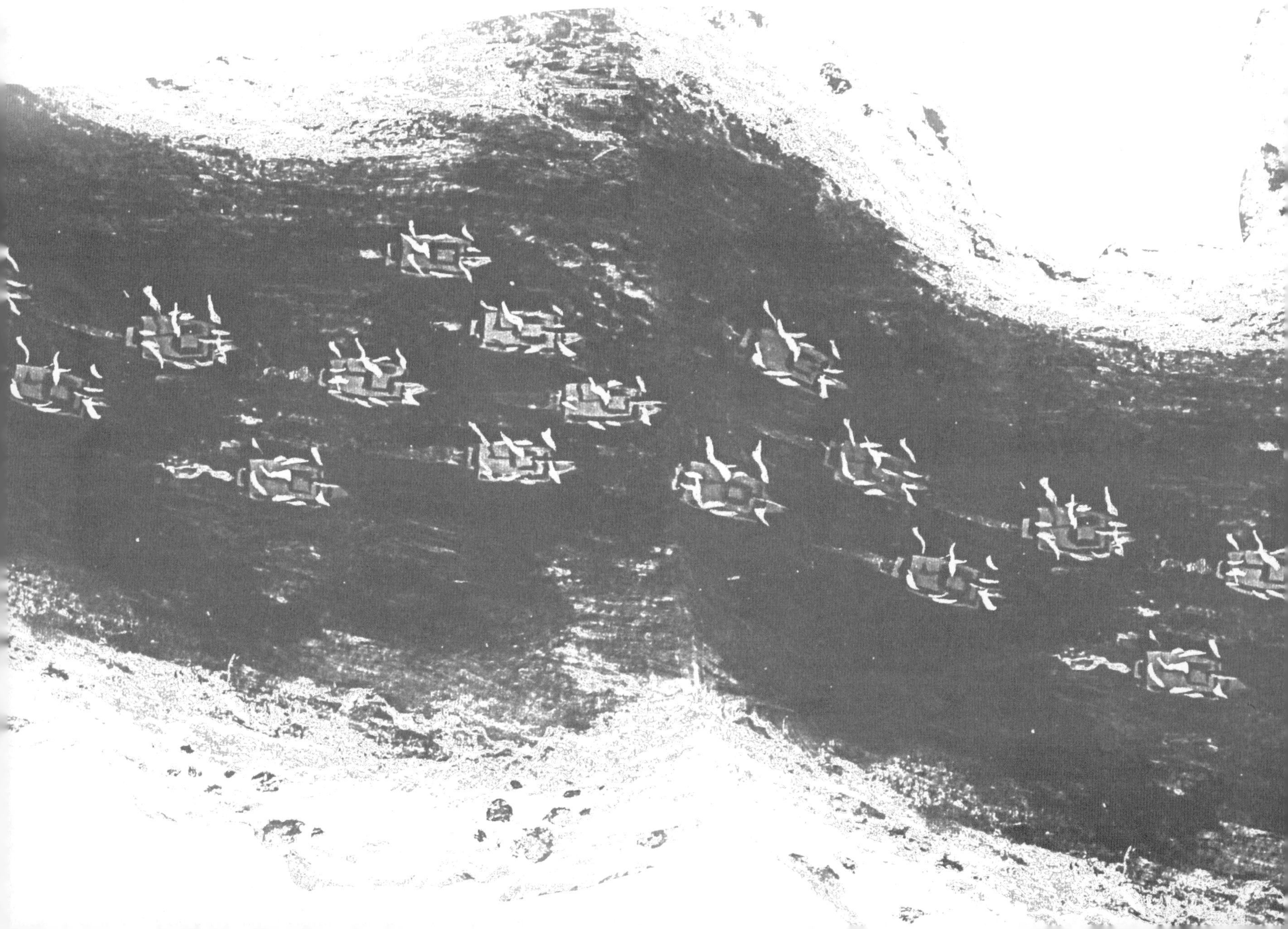

지은이_김산호

1939년 만주에서 출생. 서라벌예술대학에서 서양화를, 미국 그리니치 아트스쿨에서 커머셜 아트를 공부했다. 1958년 독립군 이야기를 다룬 「황혼에 빛난 별」로 데뷔하였다. 한국 최초의 SF만화 「라이파이」로 한국 만화사의 한 획을 그었다. 왕성한 작품 활동으로 500여 작품을 그렸고, 미국으로 건너가 처음으로 동양 만화를 소개하였다. 현재 우리 민족의 민족사를 복원하는 작업에 열정과 노력을 기울이고 있다.

저서로는 『대쥬신제국사』시리즈, 『대한민족통사』시리즈, 『한국 105대 천황존영집』, 『왜사』, 『대불전』, 『두만강』 등이 있다.

1996년 신한국인상, 2008년 옥관문화훈장, 2011년 제15회 서울국제만화애니메이션 페스티벌 코믹어워드를 수상했다.

김산호 화백의 역사회화

이순신

全勝 불멸의 기록

지은이 | 김산호
펴낸이 | 김종수
펴낸곳 | 도서출판 한울
편집 | 임정수
표지 디자인 | 이희영

초판 1쇄 인쇄 | 2014년 8월 27일
초판 1쇄 발행 | 2014년 9월 5일

주소 | 413-756 경기도 파주시 광인사길 153 한울시소빌딩 3층
전화 | 031-955-0655
팩스 | 031-955-0656
홈페이지 | www.hanulbooks.co.kr
등록번호 | 제406-2003-000051호

Printed in Korea.
ISBN 978-89-460-4912-3 03900

* 책값은 겉표지에 표시되어 있습니다.